Astrid Schroers,
Birgit König

Praxis Kindertagespflege
Den Alltag gut gestalten

Ein Praxisbuch mit Tipps, Beispielen und Materialien

Cornelsen

Bei Fragen und Anregungen wenden Sie sich bitte an unsere Berater:
Marketing, 14328 Berlin, Cornelsen Service Center,
Servicetelefon 030 / 89 785 89 29

Weitere Bände aus der Reihe „Praxis Kindertagespflege"
Beobachten und Dokumentieren • 978-3-589-24818-6
Eingewöhnung • 978-3-589-24817-9
Elternarbeit • 978-3-589-24877-3
Kreatives Gestalten • 978-3-589-24816-2
Raumgestaltung • 978-3-589-24820-9

Herausgegeben von Jutta Hinke-Ruhnau

Weitere Informationen finden Sie im Internet unter:
www.cornelsen.de/fruehe-kindheit

Redaktion: Mareike Kerz, Berlin
Titelfotografie: © luminastock – fotolia.com
Umschlaggestaltung, Innenlayout & Satz: Claudia Adam Graphik-Design, Darmstadt

Bibliografische Information: Die Deutsche Bibliothek verzeichnet diese Publikation in der Deutschen Nationalbibliografie; detaillierte bibliografische Daten sind im Internet über http://www.dnb.de abrufbar.

1. Auflage 2014

Druck: Stürtz GmbH, Würzburg

ISBN 978-3-589-24876-6

Inhalt

Vorwort 5

Der Alltag in der Kindertagespflege 6

Struktur und Flexibilität 9

Organisation und Improvisation: Ein erfolgreiches Duo 11

Die Tagesstruktur 13

Gemeinsame Mahlzeiten 14
Der Mittagsschlaf 17
Der Tagesablauf – ein Beispiel 18

Die Wochenstruktur 21

Ein exemplarischer Wochenplan 22
Termine, Termine, Termine ...!? 25

Der Alltag im Wechsel der Jahreszeiten 27

Im Frühling, Sommer, Herbst und Winter 28

Feste feiern, wie sie fallen 33

Manchmal kommt es anders als man denkt ... 37

Ein ganz besonderes Angebot: Mobile Frühförderung im Haus 39

Eingewöhnung, Anpassungsphase und Verabschiedung 41

Den normalen Tagesablauf nicht aus den Angeln heben lassen 41

Einflüsse und Störfaktoren 45

Pünktlich? Muss das denn sein? 46

Kindertagespflege und das eigene Familienleben 49

Schutz des Familienlebens: Kommunikation als oberstes Gebot 51
Falscher Ehrgeiz schadet 51

Organisatorisches außerhalb der Betreuungszeiten 53

Die Konzeption 54
Beobachten und dokumentieren 55

Arbeitshilfen 56

Medientipps 62

Liebe Kindertagespflegepersonen

Bilden, erziehen, betreuen, vernetzen, Absprachen treffen, aufräumen, waschen, einkaufen, kochen ... Das bisschen Kindertagespflege macht sich von allein, sagt sich der eine oder andere. Ist das so? Wer eine Kindertagespflegestelle von innen kennengelernt hat, weiß, wie vielfältig die Aufgaben einer Tagesmutter oder eines Tagesvaters sind.

Wächst Ihnen der Alltag in Ihrer Kindertagespflegestelle manchmal über den Kopf?
Dann finden Sie in diesem Buch eine Menge Anregungen, wie Sie trotz der organisatorischen Herausforderungen Ihrer Selbstständigkeit der pädagogischen Aufgabe als Tagesmutter oder Tagesvater gerecht werden. Für eine professionelle Kindertagespflege benötigen Sie eine gut durchdachte Alltagsgestaltung, um allen Beteiligten, d.h. Eltern, Kindern, der eigenen Familie und sich selber und dem Förderauftrag – zu bilden, zu erziehen und zu betreuen – gerecht zu werden.

Astrid Schroers und Birgit König stellen in ihrem Buch „Den Alltag gut gestalten" aus der Reihe „Praxis Kindertagespflege" die verschiedenen Aspekte einer an den individuellen Bedürfnissen der Kinder orientierten Alltagsgestaltung vor. Mit einem guten Plan können Sie viel zur entspannten und qualitativ guten Arbeit in der Kindertagespflege beisteuern. Es ist leichter, etwas Bekanntes gut zu machen, als sich immer wieder umzustellen. Deshalb helfen Tages-, Wochen- und Jahrespläne sowohl den Kindern als auch Ihnen, sich zu orientieren und sich auf ein jeweils geplantes Angebot einzustellen. Die beiden Autorinnen zeigen, wie man eine für die jeweilige Gruppe passende Alltagsstruktur wählt, diese im Alltag umsetzt und wie man mit störenden Faktoren umgeht. Störende Faktoren, die der Förderung der Kinder dienen, dürfen die geplante Alltagsstruktur ruhig umstoßen, doch Störfaktoren, die den Alltag für alle eher ungenießbar machen und erschweren, sollten kurzfristig ausgeräumt werden. Strukturen, die unterstützen statt gängeln, erleichtern einen Alltag, in dem jedes Kind sein persönliches Recht auf Bildung, Erziehung und Betreuung hat.

Feste Zeiten und Rituale sind wichtig, damit Kinder sich wohlfühlen und wissen, was sie erwartet. Sich mit der Zeit auf etwas einzustellen, was sie durch Wiederholung kennen und beherrschen, gibt ihnen Sicherheit und schafft Selbstbewusstsein.

Sowohl „Strukturverliebte" als auch „Strukturmuffel" finden in diesem Buch eine Menge Anregungen, wie sie individuelle Strukturen schaffen, die mehr Raum für pädagogische Fachlichkeit, spontane Ideen und Anregungen, Ruhe und Entspannung lassen. So viel Freiraum wie möglich und so viel Struktur wie nötig, könnte das Motto dieses Buches sein.

Ich wünsche Ihnen, dass Sie sich durch dieses Buch anregen lassen, Ihre Alltagsgestaltung in der Kindertagespflege zu überdenken oder, wenn Sie ganz neu in diesem Arbeitsbereich sind, eine passende Struktur finden, die Sie an Ihrem Arbeitsplatz erfolgreich einsetzen können.

Die Herausgeberin
Jutta Hinke-Ruhnau

Der Alltag in der Kindertagespflege

› Bieten Sie den Kindern eine verlässliche Tagesstruktur

Heutige Familienkonstellationen sind vielfältig, jede Familie ist anders: Das Sozialkonstrukt der traditionellen, klassischen Kleinfamilie gilt vielerorts beinahe als Auslaufmodell.

Moderne familiäre Lebenswelten gibt es in den facettenreichsten Erscheinungsformen: Immer mehr alleinerziehende Mütter oder Väter müssen sich der schwierigen Herausforderung stellen, Beruf und Familie bestmöglich in Einklang zu bringen. Das Bild der „Familie heute“ wird aber auch von anderen Formen des Zusammenlebens geprägt: Neben Patchworkfamilien unterschiedlicher Zusammensetzungen steigt auch die Zahl der Familien mit gleichgeschlechtlichen Partnerschaften.

Entsprechend vielschichtig gestaltet sich das geschwisterliche Miteinander aus leiblichen und Stiefkindern sowie Pflege- und Adoptivkindern.

Bei der Förderung der Entwicklung des Kindes zu einer eigenverantwortlichen und gemeinschaftsfähigen Persönlichkeit sowie der Unterstützung und Ergänzung der elterlichen Erziehungs- und Bildungsarbeit in der Familie spielt die Kindertagespflege eine immer größere Rolle.

Um den stetig wachsenden Anforderungen an eine verantwortungsvolle, familiennahe Betreuung gerecht zu werden, ist eine an den individuellen Bedürfnissen des einzelnen Kindes ausgerichtete Tagesstruktur im Betreuungsumfeld unerlässlich.

Dieses Buch bietet einen beispielhaften Querschnitt bzw. eine praxisfundierte Übersicht, wie durch eine sinnvolle Strukturierung und Organisation des Betreuungsalltags die Ausgestaltung der Tagespflege gut gelingen kann, ohne die Abläufe in ein allzu starres Gerüst zu pressen. Denn die geordnete Einteilung des Tages sollte eine grundsätzliche Orientierungshilfe, ein roter Faden sein. Ausreichend Spielraum für Flexibilität sollte selbstverständlich bleiben.

Um Sie als Tagespflegeperson dabei zu unterstützen, Ihren Betreuungsalltag zweckmäßig und zielführend, klug, übersichtlich und sinnvoll einzuteilen, wird das Thema „Strukturierung des Tagesablaufs“ in den nächsten Kapiteln aus unterschiedlichen Blickwinkeln beleuchtet.

Zunächst werden die Begriffe rund um das Thema „Alltagsstrukturen“ näher erläutert. Der Sinn und Nutzen einer Tagesstruktur und deren Grenzen werden dargelegt.

Nachfolgend werden unterschiedliche Aspekte der Alltagsstruktur anhand typischer Praxisbeispiele dargestellt, ohne dabei außer Acht zu lassen, dass es immer wieder zu Ausnahmesituationen durch unvorhergesehene Ereignisse kommen kann. Als Tagesmutter oder Tagesvater sollten Sie in einem solchen Fall in der Lage sein, ad hoc, also ungeplant, angemessen und souverän zu reagieren, ja gegebenenfalls zu improvisieren. Das heißt auch, dass die Tagesorganisation niemals in ein starres Korsett gepresst werden darf. Lassen Sie stets auch Raum für Spontaneität!

Jede Tagespflegeperson bewegt sich dabei innerhalb von gesetzlichen Vorgaben und Rahmenbedingungen (▷ *zum Nachlesen auf S. 56*).

Dieses Buch richtet sich grundsätzlich an alle mit der Kindertagespflege betrauten Personen, insbesondere aber auch an diejenigen Tagesmütter und -väter, die bisher vielleicht aus einem weniger großen Erfahrungsschatz schöpfen können oder erst am Anfang ihrer Karriere stehen.

› Lassen Sie den Kindern ausreichend Freiräume

Trotz der zunehmenden Zahl an aktiven Tagesvätern werden wir aus rein formalen Gründen, vor allem im Interesse einer besseren Lesbarkeit der nachfolgenden Ausführungen, nun dazu übergehen, bei der Nennung der Tagespflegepersonen ausschließlich die weibliche Form zu wählen. Dadurch sollen Qualifikation und Leistung der männlichen Kollegen in keiner Weise geschmälert oder geringgeschätzt werden!

Wir hoffen, dass Sie von den praxisbezogenen Ausführungen und vielschichtigen Betrachtungen des Themas „Pädagogische Alltagsgestaltung" profitieren, Sie die Lektüre dieses Buches bei der sinnvollen Ausgestaltung Ihres Pflegealltags unterstützt und zur Selbstreflexion anregt.

Bestimmt finden Sie Elemente, die Sie auf Ihre ganz persönliche Betreuungssituation übertragen können. Nutzen Sie Ihre Stärken, bleiben Sie aufgeschlossen für Neues, authentisch, liebevoll, strukturiert und flexibel. Entwickeln Sie Ihre eigene Kompetenz.

Je besser Sie Ihren Alltag organisieren, desto mehr Spielraum haben Sie zur Verfügung, um im Falle von unerwarteten Ereignissen nicht die Ruhe zu verlieren. Gleichzeitig schaffen Sie sich dadurch wichtige Freiräume zum Durchatmen, um nicht in Hektik zu verfallen, sondern in aller Gelassenheit jederzeit spontan reagieren zu können.

Orientieren Sie sich dabei in erster Linie an den vielfältigen Bedürfnissen der Kinder, ohne Ihre eigenen Ansprüche oder auch die Ihres sozialen Umfeldes – wie des Lebenspartners oder weiterer Familienmitglieder – zu vernachlässigen.

So erreichen Sie eine größtmögliche Zufriedenheit und ein vertrauensvolles Miteinander bei allen Beteiligten und erhalten sich, bei allen zu erwartenden Unwägbarkeiten, Ihre Freude am Umgang mit den Kleinen und Kleinsten im Rahmen einer sehr erfüllenden, befriedigenden sowie gesellschafts- und bildungspolitisch wertvollen Aufgabe: der Kindertagespflege.

Struktur und Flexibilität

„Ein Genie beherrscht das Chaos!“ – Das trifft aber leider nur auf die Allerwenigsten zu. Die meisten Menschen sind gut beraten, ihren Lebensalltag zumindest in Grundzügen zielgerichtet zu organisieren. Dies gilt erst recht für Tagesmütter.

Gerade im täglichen Umgang mit Kindern ist ein sinnvoll strukturierter Tagesablauf unerlässlich. Mangelnde Selbst- und Arbeitsorganisation kann im Chaos münden. Das wiederum kann zwar durchaus die eigene Kreativität fördern, ist aber im Alltag einer professionellen sowie liebevollen Kindertagespflege kontraproduktiv und sollte daher im Interesse aller Beteiligten unbedingt auf ein Minimum begrenzt sein. Die Interessen von fünf Kindern zu berücksichtigen und sie altersgemäß zu fördern ist im Chaos kaum möglich. Auch Kreativität braucht einen Rahmen, damit sie umgesetzt werden kann. Ehrliche Selbstreflexion darüber, ob Sie über- oder unterstrukturiert sind, vermeidet Überforderung und ungewollte Vernachlässigung der Ihnen anvertrauten kleinen Schützlinge.

Jede sinnvolle pädagogische Alltagsgestaltung verlangt eine grundlegende Strukturierung bzw. Struktur als Basis für die Tages- und Wochenplanung, um erfolgreich umgesetzt werden zu können. Was aber versteht man eigentlich unter dem Begriff „Struktur“? „Struktur“ ist lateinischen Ursprungs und bedeutet soviel wie „ein Gefüge, einen Bau oder Aufbau oder auch eine innere Gliederung“. Das Wort geht zurück auf das lateinische „structura“, zu Deutsch unter anderem eine „ordentliche Zusammenfügung, Ordnung, Sicherheit“ oder auch ein „Gefüge“ (vgl. Duden 7 – Herkunftswörterbuch).

› Eine grundsätzliche Struktur bewahrt Sie vor Chaos

Eine weitere Erklärung für „Struktur“ ist die „(unsichtbare) Anordnung der Teile eines Ganzen zueinander“, ein „gegliederter Aufbau“ bzw. eine „innere Gliederung“ oder auch ein „Gefüge, das aus Teilen besteht, die wechselseitig voneinander abhängen“ (vgl. Duden 5 – Fremdwörterbuch).

Als sinnverwandte Begriffe gelten „Anlage, Anordnung, Aufbau, Gefüge, Gliederung, Ordnung, Organisation oder Konstruktion“. „Strukturieren“ heißt danach „anordnen, aufbauen, durchgliedern, auf- bzw. einteilen, ordnen oder organisieren“.

Im Gegensatz dazu bedeutet „strukturlos“ entsprechend „formlos, gestaltlos, ungegliedert, ungestaltet“, chaotisch (vgl. Duden 8 – Synonymwörterbuch).

› Strukturen helfen Kindern, ein erstes Verständnis für Zeit zu entwickeln

Erfahrungen einer Mutter

„Struktur? Das muss was mit der Uhr zu tun haben", vermutet die Achtjährige und die Sechsjährige guckt mich einfach nur fragend an. Beide wissen, dass es in unserem Gespräch um ihre Zeit bei ihrer Tagesmutter geht. Ihre Erinnerungen sind vielfältig und durchweg positiv, aber Strukturen spielen dabei nur am Rande eine Rolle.

Sicher, sie erinnern sich an bestimmte Abläufe und Rituale, wahrscheinlich aber eher, weil wir immer wieder davon erzählt haben, immerhin liegt die Zeit bei der Tagesmutter für beide jetzt schon Jahre zurück. Und doch sind es gerade die wiederkehrenden Abläufe, Muster und Rituale, die den Alltag strukturiert und den Kindern die nötige Orientierung und Sicherheit vermittelt haben.

Dies erleben die Kinder in der eigenen Familie und sehr deutlich auch in Kita und Schule. Aber außerhalb der Familie kann niemand so sehr auf die individuellen Bedürfnisse von Kleinkindern eingehen wie eine gute Tagesmutter – trotz eines strukturierten Alltags.

Als Mutter bin ich mir sicher: Strukturen sind wichtig, sie bereichern und erleichtern den Alltag – solange der nötige Freiraum für die individuellen Bedürfnisse der Kinder bleibt. Weil ich die Mutter bin, auf die sich das Kapitel „Pünktlich? Muss dass denn sein?" bezieht, weiß ich aber auch, wie wichtig Flexibilität, Toleranz und Großzügigkeit in der Kindertagespflege sind …

Katja Groenewald-Walter, Lehrerin für Sozialwissenschaften, Deutsch und Geschichte sowie Mutter zweier Tageskinder mit Franziska (Jahrgang 2005) und Marlene (Jahrgang 2007)

Organisation und Improvisation: Ein erfolgreiches Duo

Sinn und Aufgabe eines geordneten, strukturierten Alltags bzw. eines geregelten Tagesrhythmus' sind durch wiederkehrende Rituale Sicherheit und Orientierung zu geben. Die Gliederung von Tagen und Wochen in überschaubare Einheiten nützt sowohl den betreuten Kindern als auch der Tagespflegeperson, schafft Überblick und Vertrauen, senkt die Stressbelastung und trägt auf diese Weise zum Wohlbefinden aller Beteiligten bei.

Ein organisierter Tagesablauf ist eine verlässliche Orientierungshilfe. Dadurch sparen Sie Zeit und halten Kopf und Seele von überflüssigem Ballast frei. Unter optimalen Bedingungen gelingt es Ihnen so, Ihre Aufgabe mit Motivation und Engagement zu erfüllen und dabei kreativ und sozial erfolgreich zu agieren. Auf diese Weise bringen auch Sie Beruf und Familie bestmöglich in Einklang und schaffen sich den notwendigen Freiraum, um auch auf die Bedürfnisse Ihrer eigenen Familienmitglieder adäquat eingehen zu können.

Die Strukturierung stößt dort an ihre Grenzen, wo sie in einer unbeweglichen, leblosen, nicht anpassungsfähigen Ordnung erstarrt, keinen Platz für Flexibilität mehr lässt und so jedes spontane Reagieren auf Unerwartetes, auf Ausnahmesituationen im Keim erstickt und damit unmöglich macht. Deshalb: Engen Sie weder sich noch die Kinder ein, lassen Sie stets Raum, um auf Überraschendes ruhig und angemessen eingehen zu können!

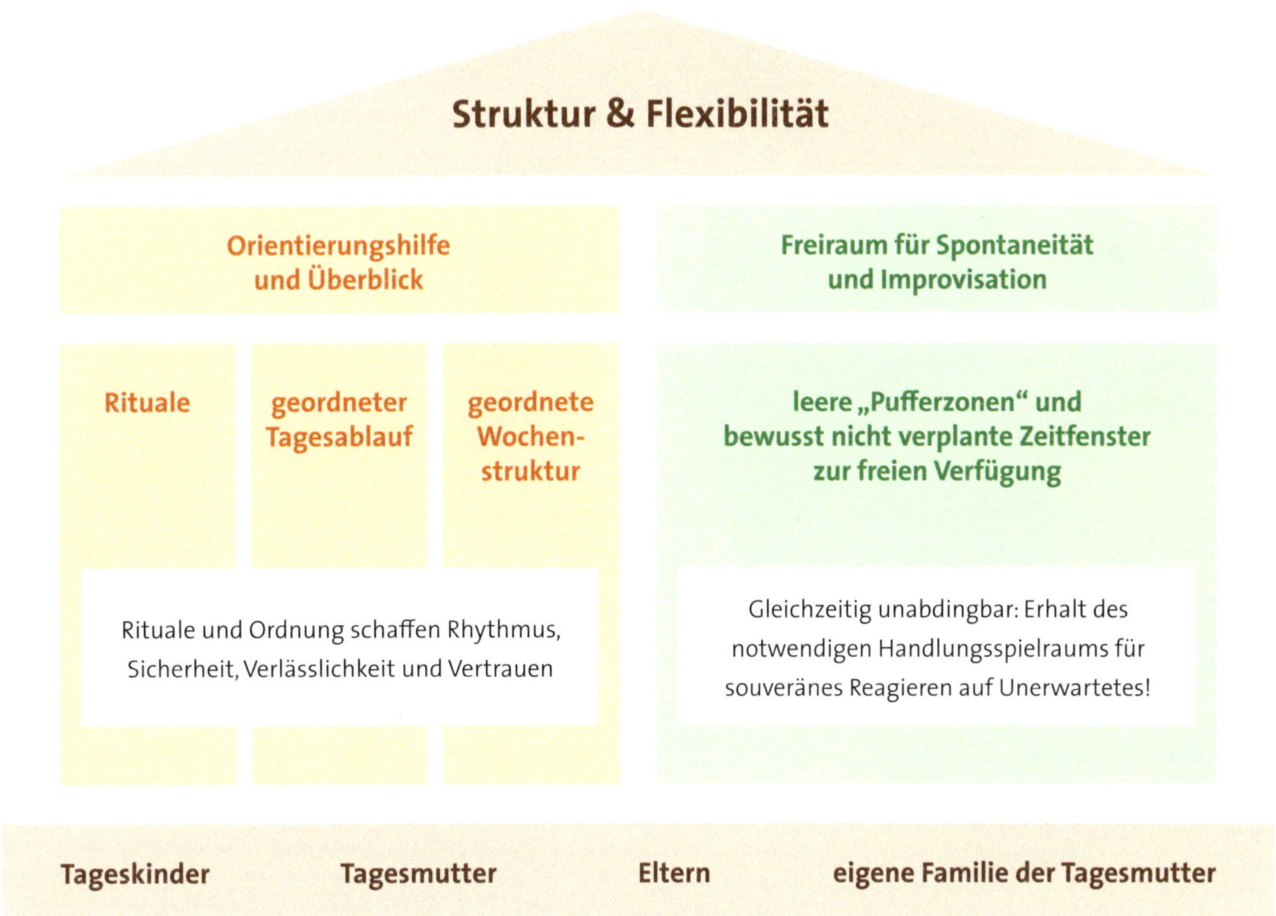

Kontraproduktiv, alle Beteiligten einengend und somit spätestens im Falle von überraschenden Ereignissen die Abläufe unnötig erschwerend: Stures Festhalten an vermeintlich unumstößlicher Ordnung innerhalb einer starren Struktur! Unbedingt vermeiden!

Die Tagesstruktur

Jede allgemeine Tagesstruktur schafft für alle Beteiligten größtmögliche Orientierung und Sicherheit durch ritualisierte, vertraute Abläufe. Ein geregelter Tagesablauf gibt den Kindern Halt und Geborgenheit.

Die Bringzeiten sind unter anderem abhängig von den Öffnungszeiten Ihrer Kindertagespflegestelle. Sie variieren zudem je nach Arbeitsbeginn oder sonstigen äußeren Rahmenbedingungen von Eltern und Tagesmutter und liegen in der Regel zwischen 7 und 9 Uhr.

Wenn alle Kinder eingetroffen sind, beginnt der Tag regelmäßig mit dem Morgenkreis, einem Singkreis: Tagesmutter und Kinder begrüßen einander mit einem Lied und starten so in den Tag.

Dabei ist es empfehlenswert, täglich immer wieder die gleichen bekannten Lieder aufzugreifen, um schon frühmorgens eine Atmosphäre der Vertrautheit in einem „zweiten Zuhause" am Ort der Tagespflegestelle entstehen zu lassen.

Tipp für die Praxis

Die Anschaffung von sogenannten Eigentums-Taschen zur Aufbewahrung persönlicher Utensilien der von Ihnen betreuten Kinder – wie Hausschuhe und ggf. Schnuller – verstärkt neben den Ritualen das Gefühl der Vertrautheit.

Der Alltag gestaltet sich grundsätzlich nach den Bedürfnissen der Kinder, wie zum Beispiel dem individuellen Hunger- und Durstgefühl, dem jeweiligen Schlafbedürfnis, der Körperpflege und Hygiene sowie dem Gemüts- und Gesundheitszustand.

Diese körperlichen Grundbedürfnisse stehen neben vielfältigen anderen Interessen an freiem und angeleitetem Spiel, der Förderung von Sprache und Motorik, Bewegungs- und Spielangeboten drinnen und draußen – wie Toben, Vorlesen aus Bilderbüchern, Basteln, Kneten oder auch Singen und Tanzen.

› In Eigentums-Taschen können die Kinder ihre vertrauten Dinge verwahren

Die aus dieser kreativen Entfaltung natürlich entstehende „Unordnung" – wie ausgeschüttete Spielzeugkisten, im Garten verteilte Bobbycars und Sandspielzeuge – sollte, je nach Entwicklungsstand der Kinder mit Ihrer Unterstützung, spätestens vor dem Abschied beseitigt werden. Damit ist der nächste Tag bereits in Bezug auf eine angenehme Wohlfühlatmosphäre bei der Ankunft in der Kindertagespflege vorbereitet. Ordnung bei den Spielsachen betrifft alle. Die Kinder können so ihre Spielutensilien am nächsten Tag wieder an einem erwarteten Ort wiederfinden und Sie müssen nicht, nachdem alle Kinder bereits zu Hause sind, noch lange aufräumen, um ihre Räume wieder in Ordnung zu bringen. Zum kreativen Spiel sollte deshalb am Ende des Tages das gemeinsame Aufräumen zu einem Ritual werden.

Gemeinsame Mahlzeiten

Zwischen 11 Uhr und 11:30 Uhr wird es Zeit, sich auf das gemeinsame Mittagessen vorzubereiten. Dazu gehören wiederkehrende Rituale wie das vorherige Händewaschen, das Einhalten fester Sitzplätze und das gemeinsame Aufsagen eines Tischspruchs. Ob Sie sich für einen religiös geprägten oder einen humorvollen Spruch entscheiden, bleibt Ihnen überlassen.

› Ob tägliches Mittagessen oder ein besonderer Anlass: Gemeinsame Mahlzeiten sind immer schön

Der Vorbereitung der Mahlzeiten sollten Sie stets besondere Aufmerksamkeit widmen: Neben der immer wieder zu beantwortenden Frage „Was koche ich an welchem Wochentag überhaupt?" müssen Sie überlegen, welche Zutaten Sie für Ihre Tageskindergruppe überhaupt verwenden dürfen. Dabei müssen Sie unbedingt auf Lebensmittelunverträglichkeiten, Allergien oder chronische Erkrankungen Rücksicht nehmen, die Einfluss auf die Zubereitung von Mahlzeiten und Getränken haben könnten. Hier ist es immens wichtig, dass die Eltern Sie bereits rechtzeitig im Vorfeld Ihrer Betreuungstätigkeit über derartige Besonderheiten informieren!

Um sicherzugehen, dass in diesem Zusammenhang nichts vergessen oder gar dem Zufall überlassen wird – und damit im schlimmsten Fall das Kindeswohl, die Gesundheit, gefährdet wird –, ergreifen Sie als Tagesmutter frühzeitig selbst die Initiative und bedienen Sie sich eines Leitfadens in Form eines Elternfragebogens. (*▷ Ein Muster für einen Elternbrief mit dem entsprechenden Fragebogen finden Sie auf den Seiten 57–59.*)

Tipp für die Praxis

Sprechen Sie die Eltern im persönlichen Kontakt auf das Thema an. Wird dann eine Allergie o.Ä. erwähnt, bitten Sie die Eltern unbedingt, den Fragebogen auszufüllen! Dies dient nicht nur der Sicherheit des Tageskindes, sondern auch Ihrem eigenen Schutz. Und: Seien Sie aufmerksam und beobachten Sie Ihre Tageskinder auch beim Essen und Trinken. Nehmen Sie Auffälligkeiten wahr oder vermuten sogar eine Allergie, informieren Sie die Eltern, damit diese weitere Schritte zur ärztlichen Abklärung einleiten können.

Idealerweise erstellen Sie sich einen Wochen-Speiseplan, den Sie auch zur Planung Ihrer Einkäufe nutzen können.

Übrigens: Wenn die Kleinen zum Ende der Betreuungszeit abgeholt werden, entwickelt sich fast täglich ein kurzer Dialog zwischen Elternteil und Kind: Auf die Frage „Was gab es denn heute zum Mittagessen?“ antworten viele Kinder strahlend, ohne Zögern und aus tiefster Überzeugung: „Nudeln!“ Und dies auch dann, wenn diese Aussage nicht der Wahrheit entspricht. Denn das von der Tagesmutter zubereitete Mahl war tatsächlich absolut nudelfrei und bestand beispielsweise aus Kartoffelpüree, gedünsteten Möhren und Wiener Würstchen und hat mittags bei allen Tageskindern reißenden Absatz gefunden. Manche Eltern re-

› Ein Speiseplan für die ganze Woche erleichtert Ihnen Einkauf und Vorbereitung

Hinweis zu den ernährungsrelevanten Allergien/Erkrankungen:

Sicher wird niemand von Ihnen erwarten, dass Sie sich medizinisch, physiologisch und ernährungswissenschaftlich mit allen möglicherweise in Betracht kommenden Allergien und Erkrankungen auskennen.

In Grundzügen sollten Sie sich allerdings über die immer häufiger festgestellte Zöliakie sowie Laktoseintoleranz informieren, um hier im Falle eines Falles schon mit wertvollem Grundwissen gerüstet zu sein. Vielfältige, ständig aktualisierte Informationen rund um das Thema „Zöliakie“ finden Sie zum Beispiel bei der Deutschen Zöliakie-Gesellschaft Stuttgart, im Internet einzusehen unter ⊳ *www.dzg-online.de.* Weitere häufig vorkommende Unverträglichkeiten sind Fructose- und Histaminintoleranz.

Wegen der immer größer gewordenen und weiter steigenden Nachfrage nach laktose- und glutenfreien Produkten bieten immer mehr Spezialhersteller ein durchaus umfangreiches, breit gefächertes Sortiment solcher Nahrungsmittel an. Diese Waren werden mittlerweile nicht mehr überwiegend in Reformhäusern vorgehalten, sondern sind gut erhältlich bei vielen Einzelhändlern und in Supermärkten. Noch sind die Spezialprodukte zwar teurer als herkömmliche Lebensmittel. Die früher jedoch noch mühevolle Suche in einem begrenzten Angebot gehört heute allerdings der Vergangenheit an.

Unabhängig von Ihren eventuellen Vorkenntnissen ist es in jedem Fall ratsam, zunächst die Eltern eines allergischen oder erkrankten Kindes um die wesentlichen Informationen, gegebenenfalls auch spezielle Rezepte zu bitten. Die Eltern sind in den meisten Fällen hervorragende Ansprechpartner und Experten, was die Besonderheiten des eigenen Kindes betrifft. Ansonsten informieren Sie sich selbst über Internet, Jugendamt, Hausarzt oder Ernährungsberater. Dies wird aber in der Regel nicht notwendig sein.

agieren nach der dritten „Nudel-Antwort“ in Folge angesichts der vermeintlich einseitigen Pasta-Kost mehr oder weniger irritiert, zum Teil auch mit Humor. Andere signalisieren möglicherweise eher Verwunderung, Ungläubigkeit oder sogar Besorgnis bis Verärgerung.

Doch warum sagen die Kinder das eigentlich? Vielleicht, weil sie Nudeln mittlerweile kennen und das Wort sprechen können, oder auch, weil sie Nudeln besonders gerne essen. Weitere Erklärungsmöglichkeiten: Aus Sicht des Kindes besteht jedes Mittagessen aus Nudeln, das heißt der Begriff „Mittagessen“ wird mit dem Begriff „Nudeln“ gleichgesetzt.

Um solchen oder ähnlichen „kulinarischen Missverständnissen“ von vornherein aus dem Weg zu gehen, sollten Sie den bereits erwähnten Wochen-Speiseplan auch für die Eltern jederzeit deutlich sichtbar, zum Beispiel an einer Pinnwand im Eingangsbereich, aushängen. Auf diese Weise können sich auch die Eltern bei Bedarf einen objektiven Überblick darüber verschaffen, was ihre Kinder im Laufe der Woche voraussichtlich bei Ihnen essen werden, und sich auch bei der heimischen Essensgestaltung darauf einstellen!
Als Beispiel für einen Essensplan, bezogen auf den Zeitraum von einer Woche, soll das nachstehende Muster dienen.

Speiseplan für die Woche vom 5. Mai bis 9. Mai 2014	
Montag	Brokkoli mit Sonnenweizen (aus Hartweizen)
Dienstag	Gemüsepfannkuchen mit Möhren, Zucchini und Tomaten
Mittwoch	Nudeln mit Käsesoße
Donnerstag	Kartoffeln, Rahmspinat und Rührei
Freitag	Kohlrabi, Kartoffeln und Nürnberger Rostbratwürstchen
dazu jederzeit bei Bedarf	Joghurt, Quark, frisches Obst und ungesüßte Getränke

Diät-Alternativen dazu sind zum Beispiel:

- Brokkoli mit Hirse (gluten-, laktose- und histaminfrei)
- Gemüsepfannkuchen mit glutenfreien Mehl (z. B. Buchweizen) und mit Mineralwasser statt Milch (gluten- und laktosefrei)
- Normalen Spinat statt Rahmspinat wählen (laktosefrei)
- Soße für das laktose- und glutenfreie Kohlrabigemüse: Maisstärke oder Kartoffelmehl mit Wasser anrühren und auch bei den Würstchen darauf achten, dass keine Laktose oder Gluten enthalten sind!

Der Mittagsschlaf

Nach dem gemeinsamen Mittagessen folgt die Mittagsruhe, je nach Schlafbedürfnis in der Regel in der Zeit zwischen 12:00/12:30 Uhr bis etwa 14:00/14:30 Uhr. Auch auf die Einhaltung der Mittagsruhe sollten Sie besonderen Wert legen: Zum einen haben Kinder in diesem Alter ein erhöhtes Schlafbedürfnis und müssen oftmals die Erlebnisse des Vormittags im Traum verarbeiten. Ohne die so dringend benötigte erholsame Pause würde sowohl für die Kleinen als auch für Sie der anschließende Nachmittag mangels Durchhaltevermögens Ihrer Schützlinge eher zu einer „Quengel-Veranstaltung“: Die Kinder würden freud-, lustlos und übermüdet versuchen, den Tag zu überstehen oder sogar im Sitzen einschlafen.

Schnell werden Sie feststellen, dass die Kinder – allerdings erst nach einer individuellen Anpassungsphase – in Bezug auf ihren Mittagsschlaf gewisse eigene Rituale entwickeln: So begeben sich Ihre Schützlinge sehr bald nach dem Mittagessen von selbst auf „Wanderschaft“ in Richtung ihrer jeweiligen Schlafstätten. Fast jedes Kind hat sein spezielles Schlaftier oder Schmusetuch oder greift vor der Bettzeit zu seinem persönlichen Schnuller. Das individuelle Schlafbedürfnis der Kinder variiert zwischen einer dreiviertel Stunde bis zu drei Stunden.

Bedenken Sie aber bei den „Langschläfern“ unter Ihren Tageskindern den Gesamt-Schlafrhythmus: Je länger die Kinder ihr persönliches Mittagspäuschen ausdehnen, desto größer sind möglicherweise die abendlichen Einschlafprobleme zu Hause. Dies stößt bei manchen Eltern nachvollziehbar auf wenig Gegenliebe, sodass Sie oftmals gebeten werden, das betreffende Kind nach einer, spätestens zwei mittäglichen Schlafstunden zu wecken. Derartige Konflikte sind mit zunehmendem Alter der Kinder immer wahrscheinlicher. Andere Kinder können aus einem ganz pragmatischen Grund ihr Schlafbedürfnis nicht ausleben: Ihre Betreuungszeit endet bereits am frühen Nachmittag.

Spätestens zwischen 14:30 und 15 Uhr ist für alle Kinder der Mittagsschlaf beendet. Danach werden die Kinder bei Bedarf frisch gewickelt. Einige werden kurz darauf schon wieder von den Eltern abgeholt. Diejenigen, die länger bleiben, greifen ihr möglicherweise vormittags unterbrochenes Spiel wieder auf oder beschäftigen sich anderweitig draußen oder im Haus. Abhängig von der individuellen Verweildauer gibt es nachmittags noch einen Imbiss, zum Beispiel bestehend aus frischem Obst oder Joghurt. Getränke sollten selbstverständlich jederzeit zur Verfügung stehen.

Nach und nach klingt der Tag aus, die Kinder werden je nach vereinbarter Betreuungszeit bzw. den Öffnungszeiten der Kindertagespflegestelle abgeholt.

Der Tagesablauf – ein Beispiel

› Gehen Sie nach Möglichkeit jeden Tag mit den Kindern an die frische Luft!

Nachstehend als Beispiel der von einer Tagesmutter kurz geschilderte „normale" Tagesablauf in der von ihr zu Hause geleiteten Kindertagespflegestelle „Purzelstube" in Tönisvorst (Kreis Viersen/NRW):

Mein Name ist Jessica Freundl. Der Tagesablauf in meiner „Purzelstube" mit eigenem Kind in der Gruppe gestaltet sich „im Normalfall" wie folgt:

Gegen 6:45 Uhr springe ich schnell unter die Dusche, um 7:15 Uhr wecke ich meinen Sohn Phil (3 Jahre), wasche ihn und ziehe ihn an.

Gegen 7:30 Uhr treffen die ersten zwei Kinder ein, die Geschwister Joshua und Hanna (3 Jahre und 1 Jahr alt).

Während die Kinder spielen, bereite ich schnell das Frühstück vor. Wenn noch Zeit bleibt, schnippele ich schon mal das Gemüse und die Kartoffeln für unser Mittagessen.

Um 8 Uhr wird es voll, es treffen drei Kinder zeitgleich ein: der dreijährige David, die zweijährige Mara und die anderthalbjährige Lieke. Wenn alle da sind, frühstücken wir gemeinsam.

Zwischendurch kommt es manchmal dazu, dass mein Sohn aus der Reihe tanzt. Alle Kinder hören auf mich, nur mein eigenes oft nicht. Das bedeutet für mich durchzuhalten und vor allem konsequent zu bleiben, denn auch Phil muss sich an die Regeln und Rituale gewöhnen und sich daran halten.

Da ich sowohl für die Kinder als auch für mich frische Luft für sehr wichtig halte, gehen wir fast jeden Tag ein bis zwei Stunden vormittags raus. Spazier-

gänge, Spielplatzbesuch, Wald erforschen oder Enten füttern – alles ist mal dabei. Wenn wir einmal nicht vor die Tür kommen, basteln wir auch gerne oder spielen einfach gemeinsam.

Gegen 11 Uhr sind wir meistens zurück. Auf dem Herd steht das bereits vorbereitete Mittagessen, das nur noch fertig garen muss. Gegen 11:30 Uhr essen wir ganz in Ruhe zusammen.

Gerade beim Essen machte Phil in der Vergangenheit oft Unsinn, immer wieder musste er den Essenstisch verlassen. Irgendwann wollte er das nicht mehr und hat sich – wie alle anderen Kinder auch – gut benommen.

Um 12:10 Uhr werden alle Kinder gewickelt. Dann ziehe ich ihnen ihre Schlafanzüge an. Danach lese ich den Kindern noch eine Gute-Nacht-Geschichte vor und lege sie alle gegen 12:30 Uhr in ihre Bettchen. Wenn alle anderen Kinder im Bett sind, hält auch Phil in seinem Kinderzimmer seinen Mittagsschlaf.

› Am Nachmittag gibt es noch einen gesunden Snack

Um 14 Uhr muss ich meistens alle Kinder wecken, dann werden sie wieder gewickelt und umgezogen. Ab etwa 14:20 Uhr sitzen alle wieder gemeinsam am Tisch und naschen frisches Obst. Oft wird auch ein Lied gesungen.

Alle Kinder werden um 14:30 Uhr abgeholt. Das bedeutet für meinen Sohn und mich noch ein bisschen Zeit zu zweit, bis am späten Nachmittag sein Vater von der Arbeit nach Hause kommt.

Eckpunkte eines geregelten Tagesablaufs

Bringzeit: 7 Uhr bis 9 Uhr

Morgenkreis/Singkreis

Frühstück: spätestens 9:30 Uhr

danach: Freispiel und Förderprogramm

Vorbereitung zum Mittagessen:
11 Uhr bis 11:30 Uhr

Erste Abholphase ab ca. 14 Uhr

Freispiel und Nachmittags-Snack
(je nach Gruppenstärke: weitere individuelle Förderung)

Ende der Betreuung – je nach Öffnungszeit – in der Regel: 16:30 Uhr bis 18 Uhr

Die Wochenstruktur

Die Gestaltung der einzelnen Wochentage richtet sich unter anderem nach den örtlichen Gegebenheiten, den Angeboten in Ihrem Wohnumfeld sowie den jeweiligen persönlichen Voraussetzungen und ist natürlich auch von der Stärke und Zusammensetzung Ihrer Betreuungsgruppe abhängig.

Während Sie mit einer Kleingruppe mobiler sind und einen größeren Aktionsradius nutzen können, sind Sie bei Anwesenheit aller Kinder und somit einer Gruppenstärke von fünf Kindern weniger beweglich.

Falls Sie mit der Maximal-Auslastung der erlaubten Gruppengröße von fünf Kindern zum Beispiel einen Ausflug mit dem PKW planen, reicht ein Kleinwagen nicht aus, um alle Schützlinge sicher unterzubringen. Sie benötigen hierfür ein geeignetes Fahrzeug-Modell mit sieben Sitzen.

Im Hinblick auf die altersmäßige Zusammensetzung der Gruppe sollten Sie sich klarmachen, dass eben nicht jede Aktivität auch schon für die Allerkleinsten geeignet ist: So sind noch ganz kleine Kinder durch Aktivitäten außerhalb des Wohnumfeldes überfordert und motorisch einfach noch nicht dazu in der Lage.

Für Ihre tägliche Planung ist es gut zu wissen, welche Kinder wann kommen und wie groß die Gruppe an den jeweiligen Wochentagen ist. Damit Sie Ihre Wochen-Belegung jederzeit schnell überblicken können, empfehlen wir Ihnen, einen einfachen Stundenplan zu erstellen (▷ *siehe S. 60*).

Tipp für die Praxis

Wenn Sie den Stundenplan in Laminier-Folie einschweißen und ihn mit wasserlöslichem – das heißt im Bedarfsfall abwischbarem – Non-Permanent-Filzstift beschriften, können Sie Änderungen oder Ergänzungen unkompliziert vornehmen.

Gerade zu Beginn Ihrer Tätigkeit kann es hilfreich sein, auch die vereinbarten Bring- und Abholzeiten zu vermerken. Sie werden allerdings feststellen, dass Sie mit fortschreitender Routine wahrscheinlich auf diese Zusatz-Eintragungen verzichten können, da Ihnen die jeweiligen Regel-Betreuungs-Zeiten Ihrer Tageskinder nach und nach geläufig sein werden.

› Ein Ausflug in die Natur bringt Abwechslung

Ein exemplarischer Wochenplan

Eine Woche in der Kindertagespflegestelle dauert in der Regel von montags bis freitags und umfasst somit grundsätzlich fünf Betreuungstage, die mit Leben gefüllt und sinnvoll organisiert werden wollen.

Für Ihre vorausschauende Planung wird nachfolgend ein exemplarischer Wochenplan vorgestellt, der Ihnen als Anregung und Orientierungshilfe für eine auf Ihre Bedingungen und Bedürfnisse zugeschnittene Wochenstruktur dienen soll.

Im Laufe der Jahre und mit zunehmender Erfahrung kristallisiert sich für die mögliche Gestaltung der einzelnen Wochentage ein in der Praxis bewährtes Muster heraus, das Ihnen auf Dauer die Vorplanungen erheblich erleichtert.

Montag: Die Spielgruppe

Vielerorts haben sich für Tagesmütter mit ihren Tageskindern Spielgruppen in Wohnnähe (Dauer: in der Regel etwa anderthalb Stunden) etabliert. Diese werden zumeist an einem bestimmten Wochentag regelmäßig vormittags angeboten. Nicht nur die Kinder profitieren von diesem Treffen.

> Landläufig versteht man unter einer Spielgruppe das Zusammenkommen von Müttern mit ihren kleinen Kindern im Alter von unter drei Jahren. Die Gruppenstärke überschreitet nur selten eine Anzahl von 10 bis 12 Kindern. Dieses Treffen fördert die sozialen, sprachlichen und motorischen Kompetenzen der Kinder.

In Abwandlung einer solchen Spielgruppe treffen sich vielerorts auch die Tagesmütter mit ihren Schützlingen. Nicht selten sind in diesem Fall durchschnittlich fünf Tagesmütter mit jeweils zwei bis fünf Tageskindern versammelt. Die Anzahl der Teilnehmenden sollte dabei allerdings überschaubar bleiben, damit das Projekt umgesetzt werden kann, die Kinder nicht überfordert werden und die gewünschten positiven Effekte nicht ins Negative umschlagen.

Die Tagesmütter sollen im Rahmen der so hergestellten Vernetzung den kollegialen Austausch pflegen, während die Kinder sich untereinander und die anderen Tagesmütter kennenlernen können, um sich im Vertretungsfall schneller in die ungewohnte Betreuungssituation einzufinden. Dies ist ein unabdingbares Qualitätsmerkmal in der Kindertagespflege!

Hinzu kommt, dass die Spielgruppe in der Turnhalle oder dem Bewegungsraum einer Kindertagesstätte oder beispielsweise eines Familienzentrums zusammenkommt und sich dort in größerem räumlichen Rahmen durch die umfangreich vorhandenen, vielfältigen Spiel- und Sportmaterialien ganz andere Möglichkeiten bieten als in Ihrer privaten Tagespflegestelle (z. B. große Bewegungslandschaften, Klettertürme, Trampoline, Turnmatten, große Bälle ...).

› Trampolinspringen im Familienzentrum ist eine schöne Abwechslung

› Lassen Sie die Kinder am Nachmittag ausruhen

Unter fachlicher Leitung – entweder einer externen Pädagogin oder auch einer qualifizierten Tagesmutter aus dem Kreis der Teilnehmenden – wird die gemeinsame Zeit ähnlich gestaltet und verbracht wie es Ihnen auch aus Ihrer eigenen Kindertagespflegestelle bekannt ist: Zu Beginn kommen alle in einem Morgenkreis zusammen und singen ein oder zwei gut eingeführte Begrüßungslieder, unterstützt durch die entsprechenden Handbewegungen oder Gesten. Es folgen weitere Lieder – je nach Stimmung, auf Wunsch der Kinder oder nach Plan und auf Anregung der Leitung, mal mit, mal ohne begleitende Hintergrundmusik.

Aufgrund der Gruppenstärke von oftmals bis zu zwanzig Kindern darf die Singeinheit nicht zu sehr ausgedehnt werden und eine Dauer von zwanzig Minuten nicht übersteigen, da der Bewegungs- und Spieldrang der Kinder sich zunehmend bemerkbar macht.

Gemeinsam werden deshalb nun zügig die vorhandenen Spielmaterialien und Turngerätschaften aufgebaut und die Kinder können sich austoben, unterstützt und gesichert durch die anwesenden Tagesmütter. Nach einer halben Stunde sind die Kinder meist erschöpft, hungrig und durstig, sodass man sich jetzt an einem ruhigen Platz zum gemeinsamen Frühstück versammelt. Dabei bietet sich für alle anwesenden Tagesmütter die Gelegenheit zum Gedanken- und Erfahrungsaustausch oder zur Klärung offener Fragen und Probleme.

Nach dem Frühstück wird es schon wieder Zeit aufzuräumen. Die Spielgeräte werden wieder ordnungsgemäß verstaut und die Halle wird einmal durchgekehrt.

Je nach verbleibender Zeit können anschließend noch einige Kreis- oder Bewegungslieder angestimmt werden, bevor zum Ausklang der Spielgruppe ein allen bekanntes Abschiedslied ertönt.

Wegen des in der Regel nachmittags meist knappen Zeitrahmens für gemeinsame größere Unternehmungen – die ersten Kinder werden bereits kurz nach der Mittagsruhe wieder abgeholt –, beziehen sich die angeführten Programmpunkte auf die Gestaltung der Vormittage.

Nachmittags sollten Sie sich mit den Tageskindern zuhause – im Haus oder eigenen Garten – aufhalten, da Sie jederzeit für eintreffende Eltern erreichbar sein müssen, die zu den unterschiedlichsten Zeiten ihre Kleinen abholen. In diesem Zusammenhang müssen Sie auch damit rechnen, dass die Eltern nicht nur später als vereinbart, sondern auch einmal eher ankommen als erwartet und im Falle Ihrer Abwesenheit vor verschlossener Tür stehen würden.

Da in der Regel die Vormittage bereits erlebnisreich und spannend gestaltet sind, gilt für das nachmittägliche Programm eher der Leitsatz „Weniger ist mehr!" Überfordern Sie die Kinder nicht mit zu viel Programm und Aktionismus und lassen Sie in der zweiten Tageshälfte genügend Raum für freies Spiel, gegebenenfalls auch mit Ihren eigenen Kindern. Gönnen Sie den Kleinen die Zeit, eigene Ideen zu entwickeln und ermöglichen Sie es Ihnen so, sich zu einer kreativen Persönlichkeit zu entwickeln.

Die Spielgruppe – Eckpunkte

9 Uhr: Begrüßung mit Morgenkreis

bis 9:20 Uhr: Singen und Fingerspiele

danach: Aufbau und Bereitstellung der Spielmaterialien

bis 9:50 Uhr: Freispiel und Bewegung

bis 10:10 Uhr: Frühstück

danach: Aufräumen

bis 10:30 Uhr: Kreis- und Bewegungslieder

10:30 Uhr: Ausklang mit Abschiedslied

Dienstag: Das Tandem

Durch einen wöchentlich regelmäßig stattfindenden wechselseitigen Besuch in Absprache mit einer anderen Tagesmutter wird vor allem die engere Zusammenarbeit zwischen zwei Tagespflegepersonen aufgebaut, gefördert und gepflegt. Diese Kooperation, das sogenannte Tandem-Modell, intensiviert die positiven Effekte der Spielgruppenvernetzung, d.h. die Kinder können sich im kleineren Rahmen auf die möglicherweise zum Einsatz kommende „Notfall-Tagesmutter" einlassen. Wiederum profitieren Ihre Schützlinge von den dort vorhandenen anderen Spielmaterialien und können auf diese Weise ihren Horizont sowie ihre soziale Kompetenz durch den Kontakt zu einer anders zusammengesetzten Gruppe erweitern.

Mittwoch

Zur freien Verfügung!

Donnerstag: Besuch von Oma

An einem Vormittag in der Woche können Sie auch einmal die eigene Mutter oder Schwiegermutter oder eine andere geeignete Person Ihres Vertrauens in das Programm einbinden, um Kindern, die keinen oder nur losen Kontakt zu den eigenen Großeltern pflegen, auch diesen familiären Aspekt zu bieten. Denn genau so, wie Ihre Tageskinder eine geschwisterähnliche Beziehung zu anderen Kindern aufbauen, genießen sie auch die Anwesenheit und Zuwendung einer „Ersatz-Oma", die zudem auch fürs leibliche Wohl sorgt und Brötchen für ein besonderes gemeinsames Frühstück mitbringt. Alle Generationen profitieren von dieser Situation: Neben den Vorteilen für die von Ihnen betreuten Tageskinder erfreut sich die „Ersatz-Oma" an der Begeisterung der Tageskinder und ist vielleicht dankbar für die willkommene Auflockerung ihres eigenen Alltags.

Freitag

Zur freien Verfügung!

Termine, Termine, Termine ...!?

Lassen Sie sich und die Kinder nicht von einer Überzahl an Terminen „erschlagen“! Nutzen Sie die nach Ihrer Überzeugung pädagogisch wertvollen Angebote, ohne jedoch von Veranstaltung zu Veranstaltung zu hetzen.

Halten Sie sich unbedingt – wie im vorigen Beispiel – ein oder zwei Vormittage pro Woche zur freien Verfügung. Verschaffen Sie sich rechtzeitig einen Überblick, welche Tage das sein sollen und welche Möglichkeiten Sie haben. Lassen Sie an solchen Tagen den Kindern den Raum, sich selbst, ihre Interessen und Lieblingsspiele zu entdecken oder bieten Sie in den geschützten vier Wänden Zeit zum Träumen, Entspannen, zu individueller Förderung und kreativen ungeplanten Ideen.

> Bleiben Sie flexibel und richten Sie sich immer nach den äußeren Bedingungen. Ihre Angebote hängen von den örtlichen Gegebenheiten, der Anzahl der jeweils anwesenden Kinder und den Kolleginnen, mit denen Sie sich zu einem Angebot verabreden können, ab. Ein Waldspaziergang z. B. ist ohne weitere Betreuungskraft mit großer Kindergruppe zu gefährlich; gerade den weniger erfahrenen Kindertagespflegepersonen empfiehlt es sich, zunächst mit einer kleineren, überschaubareren Gruppe oder mit einer zusätzlichen Betreuungskraft Ausflüge zu unternehmen, denn: Unterschätzen Sie niemals den Bewegungs- und Forscherdrang, die Neugier der Kinder.

Vorrats-Programm nutzen!

Um an die frische Luft zu kommen, gibt es viele Gelegenheiten. Für die Gestaltung eines Alternativprogramms an den freien Wochentagen (im obigen Musterplan Mittwoch und Freitag), schlagen wir Ihnen vor,

- in den Ort zu gehen,
- insbesondere Markttage zu nutzen, um gemeinsam frisches Obst und Gemüse einzukaufen, falls die individuelle Wohnsituation und die örtlichen Gegebenheiten die sichere, fußläufige Erreichbarkeit des Marktplatzes zulassen,
- den nahegelegenen kleinen Zoo zu besuchen (Ziegen, Kaninchen, Hasen, Ponys ...),
- auf einen Spielplatz zu gehen
- oder einen Spaziergang durch den Wald zu machen.

Bestimmt haben Sie viele weitere Ideen! Bedenken Sie auch bei Ihrer Wochenplanung unerwartete Ereignisse, auf die Sie jederzeit flexibel reagieren müssen.

Flexibel und mobil sein!

Seien Sie mobil, scheuen Sie nicht die Anschaffungskosten eines sogenannten Krippenwagens, ein Fahrzeug, das Ihren Bewegungsradius erheblich erweitert. Erkundigen Sie sich wegen einer möglichen Investitionsförderung bei dem für Sie zuständigen Jugendamt. Eventuell wird Ihre Anschaffung bezuschusst.

› Ein Krippenwagen ist äußerst praktisch für Ausflüge

Der Alltag im Wechsel der Jahreszeiten

Das Freizeitprogramm unterliegt auch den wechselnden Jahreszeiten. Wann immer Sie einen Ausflug planen, sollten Sie rechtzeitig den zeitlichen und örtlichen Rahmen abstecken. Als Orientierungshilfe ist auch hier der Belegungsplan ideal geeignet, da der Aktionsradius je nach Zusammensetzung und Stärke der jeweils anwesenden Gruppe vielleicht erweitert oder eingeschränkt wird.

Grundsätzlich ist für die Veranstaltung von Ausflügen aller Art einiges zu bedenken: Sie befinden sich außerhalb des gewohnten häuslichen Umfeldes. Dies bedarf einer besonderen Aufsicht, eventuell durch die Unterstützung mehrerer Aufsichtspersonen. Rechnen Sie jederzeit mit dem überraschenden Verhalten der Kinder aufgrund ihrer Neugier und ihres Bewegungsdrangs, zumal in fremder Umgebung. Die dadurch möglicherweise entstehende Unfallgefahr ist nicht zu unterschätzen. Von daher gehört zu Ihrer Standard-Ausrüstung unbedingt ein Erste-Hilfe-Set (Verfallsdatum beachten!).

Vor der Umsetzung größerer Aktionen empfiehlt es sich, die Eltern zu informieren und deren Zustimmung einzuholen. Falls Sie längerfristig im Voraus planen, könnten Sie einen entsprechenden für alle gut sichtbaren Aushang im Eingangsbereich anbringen oder einen Elternbrief aushändigen. Gute Briefkästen sind für solche Fälle auch die bereits erwähnten Eigentums-Taschen.

Nicht vergessen sollten Sie die Mitnahme von ausreichender Wechselkleidung und einer gut ausgestatteten Wickeltasche, um für den Notfall gerüstet zu sein. Genug Proviant sollten Sie auch einkalkulieren, insbesondere Getränke dürfen nicht fehlen.

Der weitere Verlauf oder speziellere Vorbereitungsmaßnahmen ergeben sich dann vor Ort, auch in Abhängigkeit von den jahreszeitlichen Gegebenheiten. Der Aufenthalt im Freien und Ausflüge in die Natur sollten unabhängig von den Jahreszeiten immer wieder fest in Ihren Wochenplan integriert sein!

Liebe Eltern,

am kommenden Montag, den 14.07.2014, möchte ich in der Zeit von 10:00 bis 13:00 Uhr mit allen Kindern den Zoo besuchen. Wer möchte sich uns anschließen?

Liebe Grüße
Ihre Tagesmutter

Im Frühling

Wenn es draußen allmählich wärmer wird, ist die Schneehose in der Regel schon im Schrank verschwunden und die Sonnencreme noch nicht im Dauer-Einsatz. Die Natur bietet nun vielfältige Möglichkeiten, sich mit den Kindern länger im Freien aufzuhalten und Ausflüge zu unternehmen.

Bei den Tageskindern immer wieder sehr beliebt ist gerade in dieser Jahreszeit ein Picknick im Freien, wenn in der Regel noch keine lästigen Insekten stören können. Bestimmt kennen Sie einen dazu geeigneten Platz.

Wenn Kinder und Tagesmutter mit entsprechender Kleidung gut geschützt sind, kann die Verweildauer im Freien auch schon ein wenig ausgedehnt werden.

Die Erlebnisse im Freien können aufgegriffen und noch einmal lehrreich aufbereitet werden: So lieben es viele Kinder, nach erfolgreicher eigener Ernte vom Erdbeerfeld die eingebrachten Früchte nachmittags zu einer leckeren Marmelade oder zu einem schmackhaften Nachtisch zu verarbeiten – oder zumindest neugierig dabei zu sein ...

Auch die Aktivitäten im Haus können der Jahreszeit angepasst gestaltet werden: Rund um die Osterzeit werden Haus und Garten dekoriert, österliche Bastelarbeiten durchgeführt und Eier traditionell bunt gefärbt und bemalt.

Ausflugstipps: *Zoobesuch, gemeinsames Erdbeeren-Pflücken*

Im Sommer

Meiden Sie die Mittagshitze, denken Sie an die Ausrüstung mit Sonnenhüten (auch wenn die Kinder diese nur ungern tragen), passen Sie die Kleidung den Außentemperaturen an und schützen Sie die Kinder mit Sonnencreme mit hohem Lichtschutzfaktor. Am besten hat jedes Kind seine eigene Sonnencreme, da viele Kinder allergisch reagieren. Schreiben Sie den Namen des jeweiligen Kindes auf das Fläschchen.

Plantschen im Wasser ist möglich, Wassermatschen ist sehr beliebt. Beides kann im Sommer ausgiebig betrieben werden.

Lassen Sie bei gemeinsamen Mahlzeiten unter freiem Himmel jetzt besondere Vorsicht walten.

Denken Sie an Bienen, Wespen, Mücken oder sonstige Insekten, die jetzt verstärkt unterwegs sind. Achten Sie darauf, Getränkebecher und Speisen sorgfältig abzudecken. Am besten benutzen Sie ausschließlich Becher mit Deckel und kleiner Öffnung für den Trinkhalm. Lassen Sie die Kinder nur unter Ihrer Aufsicht essen und trinken.

Allerdings ist auch im Sommer der Aufenthalt im Freien nicht immer möglich – bei großer Hitze, Schwüle oder Gewittergefahr bleiben Sie lieber Zuhause. Holen Sie sich doch den Sommer herein: Basteln Sie mit den Kindern Sommer- und Sonnenblumen, bunte Schmetterlinge oder geben Sie den Kindern die Gelegenheit, ein sonniges Bild mit der eigenen Vorstellung vom Sommer zu malen oder zu klecksen.

Ausflugstipps: *Wasserspielplatz, Zoobesuch, Besuch eines Obsthofes, Maislabyrinth*

Im Herbst

Auch in dieser Jahreszeit bietet es sich an, eine thematische Verbindung zwischen Außenaktivitäten und Innenprogramm herzustellen. Der Aufenthalt im Freien ist immer noch gut möglich, wenn die Kinder mit entsprechender wetterfester Kleidung wie Buddelhosen und Gummistiefeln ausstaffiert sind. Vielleicht streifen Sie gemeinsam mit den Kindern durch den Wald, nehmen auch die Geräusche wahr und bewundern die Färbung der Blätter. Letztere können Sie mit den Kindern sammeln und später als Bastelmaterial verwerten. Kastanien, Bucheckern und kleine Äste eignen sich ebenso hervorragend für kreative Mußestunden.

Pünktlich zu Sankt Martin wird mit vereinten Kräften für alle Tageskinder eine bunt-leuchtende Laterne gebastelt.

Bei denjenigen, die eher das Halloween-Fest favorisieren, hat sich auch das gemeinsame Beschaffen von Kürbissen zum späteren Aushöhlen, Dekorieren und Verzehren vielerorts mittlerweile als ein fester, unverzichtbarer Bestandteil des Jahresprogramms etabliert.

Vielleicht findet sich auch in Ihrer unmittelbaren Nähe eine frei zugängliche Apfelplantage. Dort können Sie mit den Kindern Äpfel direkt vom Baum pflücken und das Obst anschließend verwerten: Bereits zum Mittagessen könnte es an diesem Tag Apfelpfannkuchen geben. Oder Sie backen einmal einen leckeren Apfelkuchen und lassen auch die Eltern beim Abholen der Kinder das frische Backwerk probieren. Frisch gepresster Apfelsaft trifft bei einem Großteil der Tageskinder auf große Begeisterung.

Äpfel sind allerdings nicht nur zum Verzehr geeignet. Ein in zwei Hälften geteilter Apfel kann auch zu zwei hervorragenden Stempeln zwecks Gestaltung eines Stempel-Druckbildes umfunktioniert werden. Das Gleiche gilt übrigens auch für Kartoffeln, die man mit Genehmigung des Bauern vom abgeernteten Kartoffelacker „stoppeln", also nachlesen kann.

Ausflugstipps: *Kastanienwiese, Apfelplantage (Naschen erlaubt!), Wald; Teilnahme an einem Sankt-Martins-Umzug*

› Sammeln Sie mit den Kindern bunte Blätter in verschiedenen Größen

Im Winter

Für Aktivitäten bei Schnee und Minustemperaturen steigt der Zeitaufwand für das Ankleiden der Kinder (z.B. Schneehose, Mütze, Handschuhe, warme Schuhe) und der Aufenthalt im Freien fällt, auch durch das schnelle Auskühlen der Kinder, zeitlich knapper aus. Trotzdem ist die für einige Tageskinder eventuell erstmalige Erfahrung mit Schnee und Eis wertvoll. Vielleicht können Sie Ihre Schützlinge mit einem Lied auf die schneebedeckte Landschaft einstimmen. Je nach Wohngegend wird Sie diese Wettersituation möglicherweise auch länger begleiten.

Auch im Winter ist der inhaltliche Zusammenhang zwischen Outdoor- und Indoor-Aktivitäten, auch vor dem Hintergrund diverser Feierlichkeiten, sehr leicht zu erkennen und in den aktuellen Wochenplan miteinzuarbeiten.

Gerade vor Weihnachten gibt es viel zu tun: Die meisten Kinder freuen sich sehr, wenn sie Ihnen helfen können, Plätzchen zu backen, die Wohnung weihnachtlich zu schmücken, Geschenke und Dekoration zu basteln. Vielleicht setzen Sie sich auch gemeinsam in eine gemütliche Ecke, singen dabei Weihnachtslieder bzw. üben diese ein oder Sie schauen zusammen weihnachtliche Bilderbücher an.

Ausflugstipps: *Rodelhügel zum Schlittenfahren, Nikolaus- und Weihnachtsmarkt*

Praxisbeispiel: Flokiste on Tour

Nachstehend als Beispiel der von einer langjährig erfahrenen Tagesmutter verfasste Kurzbericht zum Thema „Ausflüge" mit den Kindern ihrer „Flokiste", der von ihr zu Hause geleiteten Kindertagespflegestelle in Tönisvorst (Kreis Viersen), Nordrhein-Westfalen.

Mein Name ist Ute Daniels. Ich bin gerne mit meinen Tageskindern unterwegs. Kleinere und größere Ausflüge sind fester Bestandteil des Gruppenalltags und bereichern unseren Alltag. Dazu stehen uns ein Krippenwagen, ein Bakfiets (Transportrad) und auch ein 7-sitziger PKW zur Verfügung.

So stehen folgende Ausflüge auf unserem Programm:

- *Frühlingsausflug in den Zoo*
- *Ausflug ins Okidoki-Kinderland*
- *Ausflug ins Kleinkindtheater Neersen für die zukünftigen Kindergartenkinder*
- *Ausflug zum Kleinkindbauernhof*
- *Ausflug zum Erdbeerfeld*
- *Ausflug ins Maislabyrinth*
- *Ausflug zum Apfelbauern*
- *Ausflug zum Sonnenblumenfeld*
- *Ausflug in den Reitstall mit Ponyreiten und Kutschfahrt*
- *Ausflug zum Kastanien-Sammeln*
- *Herbstausflug zum Hülser Berg zu den Wildschweinen*
- *Schlittenfahren am Abenteuerspielplatz*
- *diverse kleinere Touren aufs Feld, in den Wald oder auf den Spielplatz*

Bei diesen Ausflügen wird in der Regel die zeitliche Struktur unseres Tagesablaufes nicht verändert. Das heißt die Essens- und Schlafzeiten werden beibehalten.

Eine Ausnahme und ein besonderes Erlebnis ist der große Abschlussausflug vor den Sommerferien. Hierbei besuchen wir den Natur-und Freizeitpark in Brüggen. An diesem Ausflug, der von meinem Mann und meinen beiden großen Kindern (15 und 17 Jahre) begleitet wird, nehmen alle Kinder der „Flokiste" teil. Gerne dürfen uns auch Eltern begleiten.

Wir treffen uns bis um 8:30 Uhr und starten per PKW spätestens gegen 9 Uhr. Zuvor haben wir schon eine Kleinigkeit gefrühstückt. Jetzt sind wir eingecremt und tragen alle unsere „Flokisten"-T-Shirts.

Ausgerüstet mit zwei Zwillingsbuggys und einem Klappbuggy starten wir gutgelaunt unsere Tour durch den Park. Wir beginnen bei den Tieren. Lamas, Ziegen und Antilopen dürfen hier gefüttert werden. Dies ist für die Kinder eine tolle Erfahrung. Unterbrochen wird das Füttern durch eine kleine Frühstückspause. Es gibt Brötchen, Stütchen, Obst und Getränke. Wenn alle Tiere ausreichend gefüttert worden sind, können sich die Kinder auf den vielen Spielgeräten austoben. Anschließend genießen wir ein großes Picknick.

Nach dem Mittagessen gehen wir in den Teil des Parks, in dem es einige Fahrgeschäfte speziell für die Kleinen gibt, wie z. B. Pferdchen-Bahn und Panoramazug.

› Ein schönes Picknick darf beim Ausflug nicht fehlen

› So eine liebe Ziege! Der Streichelzoo ist immer ein schönes Erlebnis

Langsam werden alle müde und unser Ausflug geht zu Ende. Gegen 14:30 Uhr machen wir uns auf den Weg zum Auto. Wir werden gegen 15:30 Uhr wieder zu Hause sein und die Kinder garantiert die Rückfahrt verschlafen.

Der Eintritt in diesen Park ist für Kinder unter drei Jahren kostenlos, sodass nur die Erwachsenen bezahlen müssen. Auch die Fahrgeschäfte sind im Preis inbegriffen. Das Futter für die Tiere (Knäckebrot) gibt es auch im Park zu kaufen. Da es dort aber recht teuer ist, kaufen wir es im Supermarkt und bringen es mit.

Bei all diesen Aktivitäten werden erfahrungsgemäß viele Erinnerungsfotos entstehen. Für die Verwendung dieser Fotos zu Dokumentationszwecken empfiehlt es sich, von den Eltern einmalig zu Beginn der Betreuung eine schriftliche Erlaubnis einzuholen. *(▷ Eine Vorlage für diesen Elternbrief finden Sie auf S. 61.)*

Feste feiern, wie sie fallen

Unsere Kultur ist geprägt von vielen über das gesamte Jahr verteilten kirchlichen Festen und Gedenktagen sowie sonstigen Feierlichkeiten. So finden sich immer wieder Anlässe, einen Tag besonders zu gestalten oder – wie zum Geburts- oder Namenstag – ein Kind bei der Tagesgestaltung in den Mittelpunkt zu stellen.

So ergeben sich im Laufe des Jahres zahlreiche Gelegenheiten, den Tag für die Kinder besonders zu gestalten, zum Beispiel mit einem ausgefallenen, üppigen Frühstück, einem selbstgebackenen Kuchen, einer auf das einzelne Kind oder den Feiertag abgestimmten aufwendigeren Tischdekoration.

Dabei sollten Sie die Feierlichkeiten in einen größeren zeitlichen Gesamtzusammenhang stellen und die thematische Vorbereitung sowie die anschließende Aufarbeitung nicht vernachlässigen. Sicherlich haben Sie wieder schöne Erinnerungsfotos angefertigt. Schauen Sie sich diese auch später noch einmal mit den Kindern an und greifen Sie somit die Thematik des Anlasses zeitnah auf. Sprechen Sie mit den Kindern über das Erlebte.

Zu jedem Anlass finden Sie passende Lieder, Bilderbücher und entsprechendes Bastelmaterial. Seien Sie kreativ, bringen Sie Abwechslung in den Betreuungsalltag, betten Sie aber nach Möglichkeit jedes Ereignis in die gewohnte Tagesstruktur ein. Auch an einem solchen Tag sollten die Kinder ihren gewohnten Schlaf finden können und nicht auf Sicherheit, Ruhe und Vertrauen gebende Rituale verzichten müssen.

Zu den besonderen Anlässen gehören zum Beispiel das Oster- und das Weihnachtsfest mit der Adventszeit, Sankt Martin und Nikolaus, Karneval, Geburts- und Namenstage. Oder vielleicht etablieren Sie in Ihrer Einrichtung ein jährliches Sommer- oder Erntedankfest. Nutzen Sie die Gelegenheit, auch die Eltern oder Großeltern miteinzubeziehen! Auf diese Weise bietet sich allen Beteiligten die Chance zu einem Gedanken- und Erfahrungsaustausch in geselliger Runde. Bei der Organisation und Durchführung solcher Veranstaltungen hilft Ihnen bestimmt auch gerne Ihre Familie.

› Ein Besuch auf dem Weihnachtsmarkt bringt Kinderaugen zum Strahlen

Die Einladung zu einem von Ihnen veranstalteten St. Martins-Fest könnte so aussehen:

Liebe Oma, lieber Opa,

wir möchten gerne gemeinsam mit Euch am ______________________,

den ____________ von _______ bis _______ Uhr

bei Kaffee und Kuchen St. Martin feiern. Wir laden Euch hiermit herzlich ein.

Eure _________________________

✂ ~~~~~~~~~~~~~~~~~~~~~~~~~~~~~~~~

Wir kommen gerne!

Name des Kindes _____________________________

Namen der Großeltern ____

____

Praxisbeispiel: Ein Geburtstag wird gefeiert

Der Geburtstag eines Ihrer Schützlinge ist immer ein triftiger Anlass für eine kleine Party. Möglicherweise ist jedoch das Geburtstagskind an seinem Jubeltag aus verschiedenen Gründen nicht in Ihrer Kindertagespflegestelle: Sei es, dass der Geburtstag auf ein Wochenende oder einen betreuungsfreien Tag fällt oder die Eltern den Tag lieber mit ihrem Kind zu Hause verbringen möchten. Auch die plötzliche Erkrankung des Kindes kann die Feier am Ehrentag selbst verhindern. Am nächstmöglichen Tag sollten Sie den Geburtstag des Kindes auf jeden Fall gebührend nachfeiern.

Schon am vorherigen Abend könnten Sie den Raum (Küche, Essbereich oder wo immer Sie feiern möchten) mit Girlanden, Luftschlangen und -ballons dekorieren. Auch den Flur oder Eingangsbereich können Sie etwas schmücken, damit alle Kinder direkt bei ihrem Eintreffen sehen, dass dieser Tag ein ganz besonderer ist!

Ein Kuchen ist natürlich unverzichtbar: Wenn Ihr persönliches Zeitmanagement dies erlaubt, backen Sie selbst oder sogar mit den Kindern gemeinsam Kuchen oder Muffins. Ansonsten können Sie selbstverständlich auch auf gekauftes Gebäck zurückgreifen. Viele Eltern oder Großeltern lassen es sich aber nicht nehmen, selbst aktiv zu werden und eine Geburtstagstorte zu stiften.

Basteln Sie doch zusammen mit allen Kindern eine Geburtstagskrone für die Hauptperson. Dabei sind der Fantasie in puncto Material und Gestaltung keine Grenzen gesetzt. Ein Foto mit allen großen und kleinen Künstlern und dem hoffentlich strahlenden Geburtstagskind in der Mitte ist immer wieder eine willkommene und schöne Erinnerung für Kind und Eltern. Ihre Geduld wird bei diesem „Shooting“ manches Mal ein wenig strapaziert, denn nicht jedes Fotomodell liebt die noch so liebevoll hergestellte Kopfbedeckung. Nehmen Sie Rücksicht auf die Stimmung des Kindes, verzichten Sie ggf. auf das Bild oder warten Sie zunächst ab, bis das Kind vielleicht später größere Lust auf ein fröhliches „Rendezvous“ mit der Kamera hat.

Zu einer richtigen Party gehört natürlich auch das gemeinsame Singen eines Geburtstagsliedes. Sehr beliebt ist immer wieder das Lied von Rolf Zuckowski „Wie schön, dass Du geboren bist ...!“

Nach der Gesangseinlage können Sie am zuvor gedeckten Tisch ein kleines Geschenk überreichen, die Geburtstagskerze anzünden und dann die Torte anschneiden. Sie sind natürlich nicht verpflichtet, von Ihrem eigenen Budget ein Geschenk zu kaufen. Trotzdem freut sich jedes Kind darüber. Es kann sich ruhig um ein ganz kleines, mit nur geringen Kosten verbundenes Präsent handeln: Denn je nach Anzahl der Kinder können sich im Laufe eines Jahres auch kleine Beträge zu einer größeren Summe addieren.

- ✔ Dekoration
- ✔ Krone basteln
- ✔ Tisch decken
- ✔ Kerzen anzünden
- ✔ Lied singen
- ✔ Kerzen auspusten nicht vergessen!
- ✔ Geschenk überreichen
- ✔ Kuchen essen
- ✔ Erinnerungsfoto

Manchmal kommt es anders als man denkt...

Ihre Alltagsstruktur sollten Sie immer im Blick behalten. Diese zu erarbeiten erfordert Zeit und Organisationstalent. Beides ist in der Eingewöhnungsphase – der Phase, in der sich die Kinder daran gewöhnen, zu Ihnen in die Kindertagespflege zu kommen – und der Ausgewöhnungsphase – der Phase, in der sich die Kinder wieder von Ihnen loslösen und auf den Kindergarten oder die Schule vorbereiten – gefragt. Ihre geplante generelle Alltagsstruktur muss sich für diese Phasen der Ein- oder Ausgewöhnung ändern, damit ein feinfühliges Ankommen und Verlassen der Kindertagespflege für jedes Kind gewährleistet wird.

Das verlangt von Ihnen ein hohes Maß an Einfühlungsvermögen, Geduld und Ausdauer. Setzen Sie weder sich noch die Kinder unter einen zu hohen zeitlichen Erfolgsdruck! Bedenken Sie, dass gerade während dieser Entwicklungsabschnitte die unterschiedlichen von Ängsten, Aufregung und Erwartungen geprägten Interessen aller Beteiligten aufeinandertreffen und von Ihnen in geordnete Bahnen gelenkt und harmonisiert werden müssen. Die bisherige Gruppenstruktur wird dadurch aufgeweicht und muss wieder neu erarbeitet werden. Halten Sie die Kommunikation mit allen Beteiligten aufrecht, sprechen Sie auftretende Anlaufschwierigkeiten offen an und informieren Sie die Eltern über grundlegende Abläufe in Ihrer Kindertagespflegestelle.

Bedingt durch den stark vorangetriebenen Ausbau der Plätze für unter Dreijährige in den Kindertagesstätten in Verbindung mit den Ängsten der Eltern, bei der Vergabe der Betreuungsplätze für über Dreijährige leer auszugehen, stellt sich in den letzten Jahren das Problem der schnellen Abfolgen von Eingewöhnung und Entwöhnung immer häufiger.

Obwohl ein im besten Falle sogar zweimaliges komplettes Durchlaufen eines vollständigen Jahreszyklus' für die Entwicklung von Vertrauen und innerer Sicherheit des Tageskindes äußerst wünschenswert ist, sieht die Realität leider anders aus.

Sprechen Sie deshalb die Eltern bereits im Erstgespräch auf dieses Thema an und verdeutlichen Sie ihnen, dass Ihre Kindertagespflegestelle nicht der Ort für ein nur kurzes, lediglich wenige Monate dauerndes Intermezzo vor dem Eintritt in den Kindergarten sein sollte.

Jedes Kind braucht für seine sichere, individuelle Persönlichkeitsentwicklung ein möglichst hohes Maß an Kontinuität und eine sichere Bindung im stabilen Kontakt zu einer verlässlichen Vertrauensperson.

Dieses Vertrauen herzustellen sollte Ihnen unter Einsatz Ihrer persönlichen, sozialen, organisatorischen und pädagogischen Kompetenzen auch immer wieder gelingen. Nachdem Sie die Struktur in einer neu entstandenen Gruppe wieder angepasst und aktualisiert haben, kann von dieser, wenn sie sich gefestigt hat, bei Bedarf auch wieder leichter abgewichen werden. So sind Sie wieder in der Lage, spontan auf überraschende oder neue, nicht vorhersehbare äußere Umstände sowie auch auf neue gruppeninterne soziale Strukturen gelassen zu reagieren.

› An einem schönen Herbsttag können Sie mit den Kindern spontan Kastanien sammeln gehen

Geben Sie den Interessen und den Themen der Kinder ausreichend Platz in Ihrer Alltagsstruktur. Auf dieser Basis können Sie den Tag beispielsweise an Wetterbedingungen wie den ersten Schnee oder das lang ersehnte Badewetter anpassen. Die geplante Back- oder Bastelaktion kann jederzeit nachgeholt und erneut in Ihr Angebot aufgenommen werden. Die Aufmerksamkeit und die kindliche Neugier werden ohnehin auf das Naturschauspiel gerichtet sein. Ein Aufenthalt im Haus würde dem natürlichen Bewegungsdrang und der Wissbegier der Kinder entgegenlaufen. Die Begeisterung für andere Aktivitäten wäre nur schwer zu wecken.

Auch persönliche Mitbringsel einzelner Tageskinder sollten Sie niemals ignorieren, nur um Ihren vermeintlich unumstößlichen Tagesablauf einzuhalten. Bleiben Sie flexibel! Was spricht dagegen, ausnahmsweise einmal den Vormittagsimbiss um die mitgebrachten Reste des Sonntagskuchens zu erweitern? Greifen Sie auch eventuelle Tipps von Eltern zu neu entdeckten Ausflugszielen auf: Besuchen Sie doch einmal die empfohlenen ergiebigen Kastanienfelder, eine besonders strahlende Sonnenblumenwiese oder die erst wenige Tage alten Lämmchen in der nahen Umgebung. Ein überraschend milder und sonniger Herbsttag könnte entgegen aller Planungen auch ad hoc für einen um eine Woche vorgezogenen Kastanien- oder Blättersammel-Ausflug genutzt werden.

Alltagsstruktur und Aktionsradius

Die altersmäßige Zusammensetzung der zu betreuenden Gruppe steckt Ihnen gewisse Grenzen für Ihre vorgesehenen Tagesaktivitäten: Die notwendige Orientierung am „schwächsten Glied" innerhalb der Gruppe engt möglicherweise den Rahmen für Ihre Unternehmungen ein, während eine Gruppe mit älteren und eigenständigeren Kindern mobiler macht und Ihren Aktionsradius inhaltlich und räumlich erweitert. Nehmen Sie alle Gelegenheiten für altersgerechte Angebote wahr, damit Sie jedem Kind im Rahmen des umfassenden Förderauftrags gerecht werden.

Spontaner Besuch? – Manchmal (k)ein Anlass zur Freude ...

Unangekündigten Besuch von ehemaligen Tageskindern können Sie je nach der aktuellen Situation und Betreuungslage eventuell in das laufende Programm miteinbeziehen. Nutzen Sie den günstigen Umstand, um die soziale Kompetenz der Gruppe zu fördern und zu erweitern.

Die älteren Kinder bringen neue, überraschende Spielideen mit und sprechen auf diese Weise auch die zumeist unstillbare Neugier der Kleinen an. Oftmals fühlen sich die „Großen" dazu berufen, die Jüngeren zu umhegen und zu „bemuttern". Aus diesem Zusammenspiel ergeben sich immer wieder Rollenspiele und Situationen, von denen alle Beteiligten profitieren, ihr Sozialverhalten ausloten und festigen können.

Scheuen Sie sich anderenfalls aber auch nicht, die Überraschungsgäste, wenn sie ungünstig kommen oder sich nicht in ihre aktuelle Aktion einbeziehen lassen können, freundlich, jedoch bestimmt, auf einen alternativen Termin zu vertrösten.

Ein ganz besonderes Angebot: Mobile Frühförderung im Haus

Manche Kinder reagieren anders. Sie sind eventuell in ihrer Wahrnehmung beeinträchtigt. Sollte Ihnen bei der Beobachtung eines Kindes etwas Ungewöhnliches auffallen, ist es nicht Ihre Aufgabe als Tagesmutter, eine Diagnose über die Art der möglicherweise vorliegenden Wahrnehmungsstörung zu stellen oder gar diese zu behandeln.

Innerhalb eines funktionierenden Beziehungsdreiecks zwischen Eltern, Kind und Tagesmutter müssen Sie mit den Eltern ins Gespräch kommen. Thematisieren Sie die von Ihnen wahrgenommenen Auffälligkeiten und verweisen Sie die Eltern an Fachleute, damit eine Diagnose erstellt und ggf. eine Therapie eingeleitet werden kann. In diesem Fall können sogar Sie als Tagesmutter im Rahmen Ihrer Möglichkeiten und in Absprache mit den Eltern sowie einem eventuellen Therapeuten selbst ein Förderangebot machen.

Ein solch besonderes Angebot wirbelt naturgemäß den gewohnten Tagesablauf durcheinander: Sie müssen sich einem Kind speziell widmen, dürfen dabei Ihre anderen Schützlinge nicht vernachlässigen und ausreichend Zeit und Ruhe für die Förderung aufbringen.

Eine andere, durchaus gängige Praxis ist auch, dass im Rahmen der sogenannten mobilen Frühförderung eine heilpädagogische Fachkraft das Kind in den Räumlichkeiten Ihrer Kindertagespflegestelle aufsucht, beispielsweise, weil die Eltern beruflich stark eingespannt sind.

Besonders für die kleinen Kinder, aber auch für die Eltern und sonstigen Bezugspersonen ist es eine große Entlastung, wenn die Kinder in der ihnen vertrauten Umgebung gefördert werden.

Für die Therapie in Ihrer Kindertagespflegestelle müssen Sie sich entsprechend organisieren, das heißt zunächst einmal zur vereinbarten Zeit überhaupt zu Hause sein. Bereiten Sie den Besuch gut vor: Schaffen Sie eine aufgeräumte, ruhige Atmosphäre. Eventuell wird sogar ein separater Raum benötigt. Auch das Kind sollte zu dem Termin aufnahmefähig und möglichst „guter Dinge“, also weder hungrig, noch durstig, noch müde sein ...

Obwohl dieser Zusatztermin für Sie Mehraufwand bedeutet, überwiegen doch die positiven Erfahrungen. Zum einen erhält das Kind die nötige Unterstützung durch die individuelle Förderung und steht damit im Vordergrund. Je nach Art der Fördermaßnahme können aber auch die anderen Kinder mit einbezogen werden und auf diese Weise ebenfalls profitieren: Neues, bisher unbekanntes Spielzeug hält Einzug in die Gruppe und weckt die Neugier aller Anwesenden. Beim Besuch einer Sprachtherapeutin beispielsweise werden intensiv Bilderbücher angesehen und vorgelesen, oder es werden Tierstimmen imitiert und Kinderlieder gesungen. Das macht allen Spaß! Auch ergotherapeutische Übungen eignen sich bestens zur Nachahmung.

› Ein Kind mit Beeinträchtigungen kann auch in Ihren Räumlichkeiten von einer Heilpädagogin gefördert werden

Idealerweise nutzen Sie für die Eingewöhnung Ihrer neu aufzunehmenden Tageskinder das sogenannte Berliner Modell als einen grundsätzlichen Orientierungsrahmen. Dieses Modell gliedert sich in insgesamt drei Phasen, die sich auf einen Zeitraum von circa drei Wochen erstrecken:

In der zumeist dreitägigen Anfangsphase wird das Kind noch von einem Elternteil oder einer anderen Vertrauensperson begleitet.

In der sich im Schnitt ab dem vierten Tag anschließenden Stabilisierungsphase können erste Trennungsversuche zwischen Kind und Elternteil unternommen werden. Die Eltern bleiben aber in der Nähe des Raumes, damit sie bei Bedarf jederzeit ansprechbar und greifbar sind. Dieser Abschnitt der Eingewöhnung umfasst in der Regel einen Zeitraum von etwa zwei Wochen. Sobald sich das Kind in kritischen Phasen auch von Ihnen als Tagesmutter trösten lässt, also eine erste emotionale Bindung zu Ihnen aufgebaut hat, können Sie allmählich zur Schlussphase übergehen: Die Eltern verlassen Ihre Kindertagespflegestelle, sind aber nach wie vor erreichbar und kurzfristig verfügbar.

› Jeder Neuanfang ist mit Abschiedsschmerz und Vorfreude verbunden

› Sobald das Kind eine emotionale Beziehung zu Ihnen aufgebaut hat, können die Eltern es das erste Mal allein in Ihrer Obhut lassen

Auch dann, wenn das Kind – je nach der individuellen Anpassungsfähigkeit und der jeweils benötigten Eingewöhnungszeit – die ersten Stunden alleine, das heißt ohne die Begleitung einer familiären oder sonstigen Vertrauensperson, in Ihrer Einrichtung ist, kommt es immer noch zu Beeinträchtigungen des von Ihnen geplanten, üblichen Tagesablaufs: Die Verabschiedungs- und Übergabephase, auch Bringzeit genannt, gestaltet sich weiterhin schwierig. Die Eltern haben noch mehr oder weniger großen Aufklärungsbedarf, stellen berechtigterweise viele Fragen und fühlen selber den natürlichen Trennungsschmerz, der sich auf das Kind übertragen kann. Gerade diese Phase der Beziehung zu den Eltern Ihrer Tageskinder sollten Sie unbedingt einen für die zukünftige Betreuungsarbeit enorm wertvollen Vertrauensaufbau nutzen. Da darf der Tagesrhythmus schon mal „aus den Fugen geraten". Ihre Geduld wird sich auszahlen und Ihnen sicher dabei helfen, schon bald wieder in „ruhigeres Fahrwasser“ zu gelangen.

Parallel dazu können Sie auch mit der Verabschiedung eines Kindes, das die Gruppe zum Beispiel wegen Umzugs oder Wechsel in einen Kindergarten verlässt, konfrontiert sein. Auch das kann den üblichen Tagesablauf wieder beeinträchtigen und Unruhe bringen. Möglicherweise sind Kind und Eltern gedanklich schon beim nächsten großen Lebensabschnitt, der mit Abschiedsschmerz und Wehmut, aber vielleicht auch mit ungewisser Vorfreude auf das Neue, das unbekannte Terrain und ungewohnte soziale Umfeld einhergeht. Dies kann sich auch auf die Stimmung des Kindes auswirken. Ebenso müssen Sie als Tagesmutter sich den Veränderungen stellen und mit Gefühlen der Trennung umgehen.

Organisatorisch können sich aus dem bevorstehenden Wechsel für das Kind und seine Familie Termine ergeben (zum Beispiel Eingewöhnung im Kindergarten), die während der Betreuungszeit wahrzunehmen sind. Manchmal werden Sie von den Eltern gebeten, diese ganz oder teilweise zu übernehmen, falls die Eltern aus beruflichen oder sonstigen Gründen verhindert sind: Abholen und/oder Bringen zur nahegelegenen Kindertageseinrichtung sind bisweilen gar nicht so einfach in den normalen Tagesablauf zu integrieren und können Sie zeitweise vor logistische Herausforderungen stellen. Dennoch sollten Sie den Eltern hier so weit wie möglich entgegenkommen. Sofern es Ihnen möglich ist, die ganze Gruppe mitzunehmen, vernachlässigen Sie Ihre Betreuungstätigkeit auf keinen Fall! Auch der Besuch der ganzen Gruppe und der Kontakt zu anderen im Kindergarten kann für alle durchaus eine bereichernde Erfahrung sein. Der Besuch muss natürlich rechtzeitig im Vorfeld eng mit der zuständigen Kindergartenleitung abgestimmt werden, da auch die Einrichtung einem grundlegenden Organisationsablauf unterliegt und sich terminlich auf Ihren „Überfall" einstellen muss. Sprechen Sie sich mit den Eltern und der zu besuchenden Kindertageseinrichtung gut ab. Nicht jeder Kindergarten kann sich organisatorisch auf mehr als die angemeldeten Kinder einlassen.

Bleiben Sie gelassen, auch wenn durch diesen Ausflug die weiteren Tagesordnungspunkte nach hinten verschoben oder verdichtet werden. Mit Ruhe werden Sie auch solche Herausforderungen souverän meistern.

› Der Besuch in einem Kindergarten kann für die Gruppe zu einer schönen Erfahrung werden

Einflüsse und Störfaktoren

Abgesehen von Zeiten der Eingewöhnung, Anpassung und Verabschiedung eines Kindes verläuft der Betreuungsalltag auch aus anderen Gründen nicht immer in geordneten Bahnen und wird in unterschiedlicher Weise beeinflusst.

Oftmals sind Sie wegen unerwarteter Ereignisse gezwungen, von Ihrem noch so perfekt vorbereiteten Wochenplan abzuweichen: So muss zum Beispiel der angekündigte Waldausflug oder ein Zoobesuch wegen widriger Wetterbedingungen ausfallen, weil am Vortag oder am Tag selbst ein Sturmtief oder heftigste Niederschläge die Sicherheit für die gesamte Kindergruppe und nicht zuletzt auch für Sie als begleitende Tagespflegeperson gefährden.

Möglicherweise lässt auch Ihr persönlicher Gesundheitszustand oder eine Erkältungswelle unter den Kindern die Umsetzung des Programms nicht zu. Auch die vorübergehende Mobilitäts-Einschränkung eines Kindes, zum Beispiel durch erlittene Unfälle mit nachfolgender Eingipsung eines Armes oder Beines, kann gegebenenfalls die Umorganisation und das Abweichen von Planungen erforderlich machen. Ausflüge sollten Sie dann auf einen späteren Zeitpunkt verschieben.

Der Betreuungsumfang sowie die Bring- und Abholzeiten richten sich überwiegend nach der jeweiligen Arbeitsdauer der Angehörigen des Kindes. In den meisten Fällen sind beide Elternteile gefordert bzw. teilen sich diese Aufgabe untereinander auf. Dieses oftmals ausgeklügelte und funktionierende System kann jedoch durch vielerlei äußere Einflüsse und unvorhersehbare Ereignisse ins Wanken geraten.

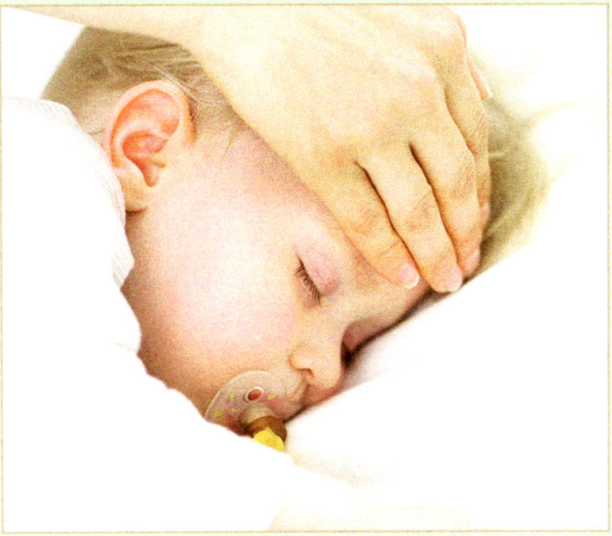

› Durch die Krankheit eines Kindes kann Ihr ganzer Wochenplan durcheinander geraten

Geschäftsreisen, Fortbildungs- oder Reha-Maßnahmen, Konferenzen, Kurzurlaube, im schlimmsten Fall plötzliche oder wiederholte Krankenhausaufenthalte eines Elternteiles können aus heiterem Himmel zur Ausdehnung der vereinbarten Betreuungszeiten führen. Das Gefüge kann auseinanderbrechen und die neue Situation muss von der Tagesmutter angemessen aufgefangen werden. Kalkulieren Sie also überraschende, zusätzlich erforderliche Betreuungsaufgaben und erhöhten Betreuungsaufwand jederzeit ein. Stehen Sie soweit wie möglich in derartigen Notfällen zur Verfügung und versuchen Sie nach Möglichkeit, diese Zusatzaktionen in die Tagesstruktur einzubauen. Bleiben Sie dabei sich und auch Ihrer Familie treu. Konsequenterweise würde dies auch einmal ein ablehnendes „Nein" Ihrerseits bedeuten.

Ein Säugling oder auch ein entwicklungsverzögertes oder in sonstiger Weise körperlich, seelisch oder geistig beeinträchtigtes Kind kann die Umsetzung Ihrer Planungen erschweren: Ihre besonderen Schützlinge, deren erhöhtes Schlaf- und Pflegebedürfnis sowie eventuell eingeschränkte Mobilität, Motorik, Auffassungsgabe verlangen einen intensiveren Betreuungs- und/oder Pflegeaufwand. Um dem erhöhten Förderbedarf gerecht zu werden,

› Wenn Sie sich weiterbilden, können Sie auch ein chronisch krankes Kind aufnehmen – überlegen Sie aber gut, ob Sie das leisten können

sollten Sie die Gruppe ggf. zukünftig größenmäßig reduzieren und darüber hinaus Ihren Tag so strukturieren, dass ausreichend Freiräume für alle Kinder bestehen und Sie den Bedürfnissen aller Beteiligten gerecht werden können.

Bedenken Sie für die Zusammensetzung Ihrer Betreuungsgruppe, dass der Anspruch an Ihre soziale und pädagogische Qualifikation bis hin zu Ihrer körperlichen und psychischen Leistungsfähigkeit und Belastbarkeit mit jedem weiteren gehandicapten Kind steigt. Reflektieren Sie sich selbst und überlegen Sie vor Aufnahme eines entwicklungsverzögerten oder chronisch kranken Kindes, ob Sie sich dieser Aufgabe gewachsen fühlen und gegebenenfalls auch dazu bereit sind, zusätzliche Zeit – zum Beispiel für den Besuch von speziellen Lehrgängen (wie Diabetes-Schulungen) – aufzubringen. Seien Sie sich dieser außergewöhnlichen Verantwortung bewusst.

Neben den vorgenannten, menschlichen, vertretbaren Einflüssen – den Dingen, die das Leben mit sich bringt –, greifen auch vermeidbare und damit durchaus ärgerliche Störfaktoren negativ in das Tagesgeschehen Ihrer Kindertagespflegestelle ein.

Pünktlich? Muss das denn sein?

Bisweilen kommt es vor, dass die Eltern unpünktlich erscheinen, Absprachen in Gedankenlosigkeit nicht einhalten oder notwendige Wechselkleidung, Gummistiefel oder Schuhwerk entgegen der rechtzeitigen mündlichen oder schriftlichen Vereinbarungen nicht mitbringen: Schon muss improvisiert, der eventuell angesetzte Ausflug gestrichen und der Tagesplan geändert werden. Teilen Sie den Eltern deutlich Ihren Unmut mit, vermitteln Sie Ihnen klar die aus ihrer Nachlässigkeit für Sie und die Kinder erwachsenen Konsequenzen für den gesamten Tagesablauf und lassen Sie sich niemals dauerhaft auf ein solches Fehlverhalten ein. Vielleicht einigen Sie sich – auch zur Vermeidung unbewusst entstehender, wechselseitiger Aversionen und Aggressionen – mit den Eltern auf die Kompromisslösung, dass Sie als Tagesmutter zumindest rechtzeitig telefonisch über Verspätungen oder Ausfälle informiert werden. Oder Sie sprechen mit den Eltern ein (allerdings nicht zu ausgedehntes) Zeitfenster ab, an das diese sich möglichst halten sollten.

› Auch Eltern haben es schwer! Dennoch müssen Verabredungen eingehalten werden

Sprechen Sie im Vorfeld lieber einmal mehr als zu wenig über grundsätzliche Regelungen in Ihrer Einrichtung und entziehen Sie vermeidbaren Unstimmigkeiten auf diese Weise von vornherein den Nährboden. Verschriftlichen Sie die Regelungen.

Unterstellen Sie den Eltern allerdings niemals eine böse Absicht, falls es einmal zu Verzögerungen oder Fehlern kommt: Die immense Organisationsleistung aufseiten der Eltern ist schließlich auch nicht zu unterschätzen, zumal auch diese von Unwägbarkeiten beeinflusst werden und einer Vielzahl von familiären, beruflichen oder anderen Abhängigkeiten unterliegen. Möglicherweise bewegen sich die Eltern in einer Art „stressbedingtem Tunnel“ und können die Situation nicht richtig einschätzen oder nehmen diese nicht in ihrer vollen Tragweite wahr. Versuchen Sie deshalb, Verständnis aufzubringen, aber zeigen Sie auch klar und unmissverständlich Ihre persönliche Schmerzgrenze auf.

Wer baggert da um Zwölf in der Nachbarschaft …?

Falls Sie in der Nähe eine Baustelle haben, ist für viele Kinder der immer wieder unter lautem Getöse vorbeifahrende Bagger oder der LKW mit der Betonmischmaschine eine willkommene Abwechslung im Tagesgeschehen. Spätestens zur Mittagszeit erweist sich dieses Highlight allerdings oft als weniger erfreulich und mehr oder weniger störend für das Mittagsschlaf-Ritual. Während Sie auf derlei äußere Lärmquellen wohl keinen Einfluss haben, können Sie zumindest Telefon und Klingel für die Dauer der Ruhezeit in der Lautstärke reduzieren oder ganz ausstellen. Zusätzlich empfiehlt es sich, ein einfaches Schild mit der Aufschrift „Bitte nicht klingeln, sondern klopfen!“ deutlich sichtbar an der Haustür anzubringen. Das Foto zeigt ein in der Praxis bewährtes Beispiel für einen solchen Hinweis!

› Auch Sie brauchen Erholung!

sich anderweitig über das aktuelle Tagesgeschehen. Sicher haben Sie selbst viele Ideen, wie Sie diese kleine Auszeit individuell für sich gestalten können.

Nach dieser „Siesta" sind Sie hoffentlich gut gewappnet für die zweite „Halbzeit": Allerdings müssen Sie damit rechnen, dass sich – wie in anderen Berufen auch – dieses wünschenswerte, entlastende Zeitfenster nicht an jedem Tag auftun wird. Dann müssen Sie den Nachmittag auch einmal ohne Mittagspause meistern.

Nachmittags

Die ersten Eltern stehen fast schon wieder vor der Tür, um ihre Kinder abzuholen, während Sie gerade mit Ihren eigenen Kindern das Mittagessen einnehmen und miteinander die ersten Gespräche führen. Endlich kommen ihre eigenen Familienmitglieder zu Wort und können sich allmählich wieder freier bewegen bzw. sich später auch in ihr eigenes Refugium zurückziehen.

Vermeiden Sie nach Möglichkeit Kollisionen zwischen der Abholung der Tageskinder und dem wichtigen familiären Miteinander am Mittagstisch, um unangenehme Situationen gar nicht erst entstehen zu lassen: Es ist weder schön, das eigene Kind alleine vor seinem Teller sitzenzulassen, noch kann es im Interesse einer professionell agierenden Tagesmutter liegen, die abholende Person sowie das zu verabschiedende Tageskind kurzerhand mit wenigen Worten hinauszukomplimentieren. Regeln Sie also die Öffnungszeiten Ihrer Tagespflegestelle entsprechend, um nicht in Bedrängnis zu geraten und zwischen Esstisch und Haustür „zerrissen" zu werden.

Spätnachmittags/abends

Auch zum Ausklang des Tages spielen Ihre eigenen familiären Verpflichtungen, eigene oder gemeinsam wahrzunehmende Termine, die Rückkehr Ihres Partners, also die Bedürfnisse aller Ihrer Familienangehörigen eine wichtige Rolle.

Im optimalen Fall lässt sich Ihr Partner in die Familienorganisation miteinbeziehen, indem er beispielsweise die Versorgung der eigenen Kinder übernimmt und für eventuelle Fahrdienste (zum Sport, zur Musikschule oder zu anderen Veranstaltungen und Aktivitäten) zur Verfügung steht.

„Kannst Du mal schnell die Welt retten?!"

Überfallen bzw. überfrachten Sie Ihren Partner nicht ständig mit dringend zu erledigenden Eilaufträgen, sondern versuchen Sie – soweit planbar – die Unterstützung rechtzeitig im Voraus zu kommunizieren. Nehmen Sie dabei immer Rücksicht auf die Befindlichkeiten Ihres Partners, der seinen anstrengenden, vielleicht nervenaufreibenden Arbeitstag schon hinter sich und auch einen berechtigten Anspruch auf Ruhe und Erholung hat.

Schutz des Familienlebens: Kommunikation als oberstes Gebot

Da von jeder Kindertagespflege im eigenen Haushalt tatsächlich das gesamte Familienleben berührt wird, müssen soweit wie möglich alle Beteiligten an einem Strang ziehen. Das funktioniert allerdings nur, wenn alle Familienmitglieder die häusliche Berufsausübung zumindest akzeptieren oder gegebenenfalls unterstützen.

Sicher haben Sie vor Ihrer beabsichtigten Tätigkeit als Tagesmutter in Ruhe mit Ihrem Lebenspartner vor allem über dessen grundsätzliche Einstellung und eventuelle Vorbehalte zu Ihrem Berufswunsch gesprochen. Sie haben Unstimmigkeiten vorab geklärt, um den Familienfrieden nach Aufnahme Ihrer Berufstätigkeit nicht zu gefährden. In diesem Zusammenhang sollte es für Sie selbstverständlich sein, den Prozess des Gedankenaustauschs mit dem Partner auch während Ihrer Berufsausübung fortwährend aufrecht zu erhalten.

Soweit Ihre eigenen Kinder bereits in einem verständigen Alter sind, sollten Sie auch diese an Ihren Überlegungen teilhaben lassen. Die Erfahrung zeigt auch, dass die eigenen Kinder oft sehr gerne und mit großem Spaß bei der Sache sind, wenn sie sich um die Kleinen kümmern und mit ihnen herumtollen können.

› Nehmen Sie sich Zeit für Ihre Familie

Falscher Ehrgeiz schadet

Schützen Sie sich vor persönlicher Überlastung durch übertriebene Betriebsamkeit und falschen Ehrgeiz. Begrenzen Sie vor allem während der Anlaufphase Ihrer Tätigkeit die Anzahl der Tageskinder. Je größer Ihre Erfahrung und je älter Ihre eigenen Kinder sind, desto souveräner, umsichtiger und ausgeglichener können Sie auch unter erschwerten Bedingungen handeln, reagieren und ggf. improvisieren.

Wie in anderen Berufsfeldern gilt auch für Sie der Grundsatz: Mit zunehmender Berufserfahrung steigen Selbstsicherheit und Leichtigkeit im Umgang mit den gestellten Anforderungen.

Tipp für die Praxis

Haben Sie Geduld und gönnen Sie sich die Zeit, Ihre individuelle Sicherheit nach und nach wachsen zu lassen! Lassen Sie sich nicht entmutigen, wenn manches nicht auf Anhieb perfekt funktioniert, aber überfordern Sie sich auch nicht. Eine überforderte Tagesmutter kann den Kindern nicht mit der notwendigen Gelassenheit, Übersicht und liebevollen Zuwendung begegnen. Vergessen Sie nicht, dass Sie als Tagesmutter letztendlich vor der gleichen Herausforderung stehen, Beruf und Familie bestmöglich in Einklang zu bringen, wie jede andere „Familienmanagerin" auch.

Organisatorisches außerhalb der Betreuungszeiten

Bisher haben wir uns im Wesentlichen darauf konzentriert, Ihnen Tipps für die Gestaltung Ihres Tagesablaufes während der Betreuungszeiten zu geben. Dabei standen die Kinder grundsätzlich im Fokus der Betrachtungen.

Aber Ihr Arbeitstag ist nicht deckungsgleich mit den Öffnungszeiten Ihrer Kindertagespflegestelle und geht weit über diesen Zeitrahmen hinaus.

Denn wie bei allen selbstständig Tätigen kommt zu dem eigentlichen Hauptaufgabenfeld noch ein erheblicher Arbeitsaufwand hinzu, auch für Themen, die Ihnen bisher fremd waren oder Ihnen nicht so leicht von der Hand gehen; Beispiele hierfür finden Sie im nachfolgenden Kasten. Der zeitliche Umfang für derartige unumgängliche, zum Teil verpflichtende Aufgaben ist nicht zu unterschätzen! Bedenken Sie dabei, dass im Interesse der von Ihnen betreuten Kinder solche mehr oder weniger aufwendigen Verpflichtungen sich selten in den Betreuungsalltag integrieren lassen und auch nicht bezahlt werden.

Organisatorisches rund um Ihren Beruf

- Buchführung
- Steuererklärung
- Rentenanmeldung
- Korrespondenz mit dem Jugendamt
- Besuch von Fortbildungsveranstaltungen, oft in den Abendstunden oder am Wochenende
- Konzeption erstellen und fortführen
- Beobachtungen dokumentieren und aufarbeiten
- Rechtzeitige Urlaubsplanung
- Einkauflisten erstellen für die Essensplanung, Menüplan aushängen
- Elterngespräche führen
- Einkaufen
- Putzen
- Wäsche waschen
- Bastelaktionen, Projekte und Ausflüge planen:
  - Materiallisten checken und bei Bedarf ergänzen
  - Öffnungszeiten und Eintrittspreise abklären
  - Vorhandene Wechselkleidung der Kinder auf Größe und Zweckmäßigkeit überprüfen
- Elternbriefe schreiben, Erlaubnisse einholen, Vorabinformationen mündlich oder schriftlich
- ggf. Homepage einrichten und pflegen, Informations- und Werbeflyer entwerfen und drucken lassen

Erarbeiten Sie sich ein sinnvolles Zeitmanagement! Informieren Sie sich, bevor Sie in Ihren Beruf starten, und nutzen Sie beispielsweise die vielfältigen Kurse bei örtlichen Volkshochschulen, sonstigen Institutionen und Bildungsträgern. Wenden Sie sich auch vertrauensvoll an die für Sie zuständige Fachberatung beim Jugendamt. Seien Sie aufgeschlossen, suchen Sie den Kontakt zu Kolleginnen und vernetzen Sie sich schon frühzeitig. Auf diese Weise können Sie schon im Vorfeld Ihrer Tätigkeit von den Erfahrungen anderer Tagesmütter profitieren.

› Auch der Einkauf sollte gut geplant sein

Die Konzeption

Die Konzeption soll nicht nur den Eltern Ihr professionelles Verhalten veranschaulichen. Sie ist auch Ihnen eine wertvolle Orientierungshilfe bei der Ausgestaltung des Betreuungsalltags und Ihrer eigenen Selbstorganisation und -reflexion und erleichtert somit Ihre Arbeit.

Die unabhängige Fachberaterin für den frühkindlichen Bereich mit dem Themenschwerpunkt zeitgemäße Förderung von Bildung und Qualität, Dr. Jutta Hinke-Ruhnau, erklärt in ihrem „Arbeitsbuch für Tagesmütter und Tagesväter" mit dem Titel „Kindertagespflege" den Begriff der Konzeption wie folgt: „Durch eine Konzeption, in der Sie Ihre pädagogischen Methoden, Ihre Ziele und Tages-, Wochen- und Jahresstruktur festhalten, zeigen Sie den Eltern nicht nur Ihr professionelles Verhalten, sondern schaffen sich selbst ein Hilfsmittel, durch das Sie sich der Organisation und Struktur Ihrer Arbeit bewusst werden" *(▷ siehe S. 57)*.

Im folgenden Kasten ist die Gliederung einer fachlich fundierten Konzeption beispielhaft aufgeführt.

Gliederung einer fachlichen Konzeption

- Vorwort
- Informationen über Sie selbst, Ihre familiäre Lebenssituation und Qualifikation
- Wohnumfeld/Räumlichkeiten
- Angebote/Pädagogische Zielsetzung und Begründung
- Tagesablauf (beispielhaft)
- Arbeitsstil (auch im Hinblick auf Ihre Erwartungen an die Kooperation mit den Eltern)
- Eingewöhnungs-, Betreuungszeiten und Kosten
- Besonderheiten (zum Beispiel Fort- und Weiterbildung)
- Vernetzung (mit anderen Tagesmüttern und Institutionen)
- Sonstiges

Beobachten und dokumentieren

An dieser Stelle soll auf zwei weitere, wichtige Qualitätsmerkmale Ihrer Tagespflegestelle eingegangen werden: Neben dem Erstellen und Fortführen einer sinnvoll durchdachten, zielgerichteten Konzeption nehmen auch die fortlaufende Dokumentation und Aufarbeitung von Beobachtungen Ihrer Schützlinge Zeit und Raum in Anspruch.

Um eine möglichst ausführliche, ausdrucksstarke Dokumentation über Chronologie und Prozess von Bildungs- und Entwicklungsfortschritten eines Tageskindes zu erstellen, sollten Sie die Kinder liebevoll zugewandt, einfühlsam und respektvoll, keinesfalls abwertend beobachten. Legen Sie zu diesem Zweck beispielsweise ein Portfolio an und halten Sie im Pflegealltag Block und Stift sowie einen Fotoapparat in griffbereiter Nähe.

Ein alternatives Dokumentationsmodell zum Portfolio in der Kindertagespflege sind die sogenannten Bildungs- und Lerngeschichten: Diese Geschichten werden von der Tagesmutter selbst, zum Beispiel in Briefform, verfasst und zielen in erster Linie darauf ab zu beschreiben, auf welche Weise das Kind Lernerfolge erzielt hat (s. Praxis Kindertagespflege: Beobachten und Dokumentieren).

Die Beobachtung geht der Dokumentation voraus. Beobachten Sie Ihre Tageskinder auf der Grundlage der folgenden Gesichtspunkte:

- **Sprachentwicklung**
  (Reaktion auf Mimik und Sprache, Lautäußerungen, Wortschatz, Interesse an Büchern und Gesang)

- **Fein- und Grobmotorik**
  (Kopfhaltung, Körperspannung, Krabbeln, Robben, Laufen, Hochziehen, Aufrichten, Hüpfen, Treppensteigen)

- **Wahrnehmung**
  (Wahrnehmung des Körpers, der Umgebung, von Personen, Geräuschen, Kontaktaufnahme, selbst tasten, Berührung zulassen)

- **Soziales und emotionales Verhalten**
  (Eingewöhnung, Bindungs- und Trennungsverhalten, Interesse signalisieren, Fremdeln, Ängste, Trotz, Schüchternheit, Eigenständigkeit, Neugier, Kreativität)

› Wahrnehmung, Geschicklichkeit, Neugier – so vieles lässt sich im Freispiel beobachten

Gesetzliche Vorgaben und Rahmenbedingungen

§ 22 SGB VIII – Grundsätze der Förderung

(1) Tageseinrichtungen sind Einrichtungen, in denen sich Kinder für einen Teil des Tages oder ganztägig aufhalten und in Gruppen gefördert werden. Kindertagespflege wird von einer geeigneten Tagespflegeperson in ihrem Haushalt oder im Haushalt des Personensorgeberechtigten geleistet. Das Nähere über die Abgrenzung von Tageseinrichtungen und Kindertagespflege regelt das Landesrecht. Es kann auch regeln, dass Kindertagespflege in anderen geeigneten Räumen geleistet wird.

(2) Tageseinrichtungen für Kinder und Kindertagespflege sollen

1. die Entwicklung des Kindes zu einer eigenverantwortlichen und gemeinschaftsfähigen Persönlichkeit fördern,
2. die Erziehung und Bildung in der Familie unterstützen und ergänzen,
3. den Eltern dabei helfen, Erwerbstätigkeit und Kindererziehung besser miteinander vereinbaren zu können.

(3) Der Förderungsauftrag umfasst Erziehung, Bildung und Betreuung des Kindes und bezieht sich auf die soziale, emotionale, körperliche und geistige Entwicklung des Kindes. Er schließt die Vermittlung orientierender Werte und Regeln ein. Die Förderung soll sich am Alter und Entwicklungsstand, den sprachlichen und sonstigen Fähigkeiten, der Lebenssituation sowie den Interessen und Bedürfnissen des einzelnen Kindes orientieren und seine ethnische Herkunft berücksichtigen.

§ 43 SGB VIII – Erlaubnis zur Kindertagespflege

(1) Eine Person, die ein Kind oder mehrere Kinder außerhalb des Haushalts des Erziehungsberechtigten während eines Teils des Tages und mehr als 15 Stunden wöchentlich gegen Entgelt länger als drei Monate betreuen will, bedarf der Erlaubnis.

(2) Die Erlaubnis ist zu erteilen, wenn die Person für die Kindertagespflege geeignet ist. Geeignet im Sinne des Satzes 1 sind Personen, die

1. sich durch ihre Persönlichkeit, Sachkompetenz und Kooperationsbereitschaft mit Erziehungsberechtigten und anderen Tagespflegepersonen auszeichnen und
2. über kindgerechte Räumlichkeiten verfügen.

Sie sollen über vertiefte Kenntnisse hinsichtlich der Anforderungen der Kindertagespflege verfügen, die sie in qualifizierten Lehrgängen erworben oder in anderer Weise nachgewiesen haben. § 72a Absatz 1 und 5 gilt entsprechend.

(3) Die Erlaubnis befugt zur Betreuung von bis zu fünf gleichzeitig anwesenden, fremden Kindern. Im Einzelfall kann die Erlaubnis für eine geringere Zahl von Kindern erteilt werden. Landesrecht kann bestimmen, dass die Erlaubnis zur Betreuung von mehr als fünf gleichzeitig anwesenden, fremden Kindern erteilt werden kann, wenn die Person über eine pädagogische Ausbildung verfügt; in der Pflegestelle dürfen nicht mehr Kinder betreut werden als in einer vergleichbaren Gruppe einer Tageseinrichtung. Die Erlaubnis ist auf fünf Jahre befristet. Sie kann mit einer Nebenbestimmung versehen werden. Die Tagespflegeperson hat den Träger der öffentlichen Jugendhilfe über wichtige Ereignisse zu unterrichten, die für die Betreuung des oder der Kinder bedeutsam sind.

(4) Erziehungsberechtigte und Tagespflegepersonen haben Anspruch auf Beratung in allen Fragen der Kindertagespflege.

(5) Das Nähere regelt das Landesrecht.

Elternbrief zu Erkrankungen

Datum ______________ Kindertagespflegestelle ____________________________________

An die Eltern des Kindes ________________________________ geb. am ________________

Auskunft über eventuell vorliegende gesundheitliche Ernährungs-Einschränkungen Ihres Kindes (zum Beispiel Allergien, Unverträglichkeiten, chronische Erkrankungen)

Liebe Eltern/Liebe/r Frau/Herr ____________________________________,

Ihr Sohn/Ihre Tochter besucht ab dem ______________ die von mir geleitete

Kindertagespflegestelle ____.

Auch im Falle einer möglicherweise vorliegenden Allergie, Unverträglichkeit oder einer chronischen Erkrankung Ihres Kindes, die Einfluss auf die Ernährung Ihres Sohnes/Ihrer Tochter hat, muss und möchte ich selbstverständlich sicherstellen, dass auch für Ihr Kind im Rahmen meiner Betreuung die richtigen, das heißt gesundheitlich verträglichen, unbedenklichen Speisen und Getränke auf dem Menüplan stehen.

Gern stelle ich mich auf die Besonderheiten im Hinblick auf die Ernährung Ihres Kindes ein. Um mir einen Überblick verschaffen und entsprechend planen zu können, bin ich auf Ihre Mithilfe angewiesen.

Für die Beantwortung des beigefügten Fragebogens und schnellstmögliche Rückgabe an mich danke ich Ihnen deshalb im Voraus!

Sollten zu einem späteren Zeitpunkt im Verlauf der Betreuung bei Ihrem Kind andere Allergien oder Ähnliches festgestellt werden, bitte ich Sie bereits jetzt, mich umgehend zu informieren.

Für Ihre Unterstützung bedanke ich mich sehr herzlich!

Ihr/e ____

Elternfragebogen zu Ernährungsbesonderheiten

Datum ________________ Kindertagespflegestelle ____

Name des Kindes ____________________________________

Namen der Eltern ____

Gibt es Besonderheiten im Hinblick auf die Ernährung Ihres Kindes?

____

____

____

Sind bei Ihrem Kind Lebensmittelallergien oder -unverträglichkeiten oder andere, ernährungsrelevante chronische Erkrankungen bekannt (z.B. Laktose- oder Fruktoseintoleranz, Zöliakie, Morbus Crohn, Colitis ulcerosa, Diabetes, Histaminunverträglichkeit, Allergien)? Wenn ja, welche?

____

____

____

____

Verträgt Ihr Kind deshalb bestimmte Nahrungsmittel, Zusatzstoffe oder Gewürze o.Ä. nicht und wenn ja, welche sind das?

____

____

____

Muss Ihr Kind eine Diät einhalten und wenn ja, welche?

____

____

____________________________ ____

Datum Unterschrift der Eltern

Checkliste Ernährung

Sollten Sie eines oder mehrere entsprechend betroffene Kinder in Ihrer Gruppe haben, ist es ratsam, eine Kurzübersicht – eine Art Steckbrief – mit den Besonderheiten eines jeden Schützlings anzufertigen. Diese Übersicht könnte beispielsweise wie eine Karteikarte oder ein Merkzettel aussehen.

Datum ______________ Kindertagespflegestelle ______________________________

Name des Kindes ______________________________ geb. am ____________________

Kurzinfo – Ernährung

Kontaktdaten und Notfallrufnummern:

____

____

____

____

____

____

Allergien/Lebensmittelunverträglichkeiten/chronische Erkrankungen/Sonstiges:

____

____

____

____

____

____

____

____

____

Einverständniserklärung zur Verwendung von Fotos

Datum ________________ Kindertagespflegestelle ______________________________________

Erlaubnis für die Aufnahme und anschließende Verwendung von Fotos

Liebe Eltern/Liebe/r Frau/Herr ______________________________,

Ihr Sohn/Ihre Tochter besucht ab dem ________________ die von mir geleitete

Kindertagespflegestelle ______________________________________.

Um Ihnen und anderen Interessierten meine Arbeit transparent zu machen, fotografiere ich die Tageskinder regelmäßig in verschiedenen Situationen sowie bei diversen Aktionen und Unternehmungen.

Für die weitere Verwendung dieser Aufnahmen – zum Beispiel für Aushänge an meiner Pinnwand im Flur oder für die Portfolio-Mappe des jeweiligen Kindes sowie zu Dokumentationszwecken im Rahmen des von mir jährlich erstellten Erinnerungs-Fotobuches – bitte ich Sie, mir Ihre schriftliche Erlaubnis zu erteilen.

Sollte ich ein besonderes Foto für die Veröffentlichung in der Presse oder im Internet auswählen, würde ich Sie selbstverständlich im speziellen Fall zusätzlich und rechtzeitig im Voraus gezielt ansprechen und auch hier um Ihre explizite Zustimmung bitten.

Für Ihre Mithilfe bedanke ich mich schon jetzt sehr herzlich!

Ihr/e ______________________________________

Hiermit erteile ich/erteilen wir Frau/Herrn ______________________________________

die Erlaubnis, mein/unser Kind ______________________________________

zu Dokumentationszwecken und zur Veröffentlichung zu fotografieren.

________________________ ______________________________________

Datum Unterschrift der Eltern

Belegungsplan

Belegungsplan für die Kindertagespflegestelle ______________________

ab (Datum): ______________________

Montag	**Dienstag**	**Mittwoch**	**Donnerstag**	**Freitag**

Medientipps

Literatur

Bartoli y Eckert, Petra; Tsalos-Fürter, Ellen: **Atempausen für Erzieherinnen.** Mit wirkungsvollen Stress-weg-Tipps den Tag gelassen meistern. Verlag an der Ruhr. Mülheim an der Ruhr 2012.

Bendt, Ute; Erler, Claudia: **Tagesmutter werden – Tagesmutter sein.** Der Praxisratgeber für die professionelle Kindertagespflege. Verlag an der Ruhr. Mülheim an der Ruhr 2012.

Duden 5, Das Fremdwörterbuch. Dudenverlag. Berlin, Mannheim, Zürich 2013.

Duden 7, Das Herkunftswörterbuch. Dudenverlag. Berlin, Mannheim, Zürich 2013.

Duden 8, Das Synonymwörterbuch. Dudenverlag. Berlin, Mannheim, Zürich 2013.

Hinke-Ruhnau, Jutta: **Kindertagespflege.** Arbeitsbuch für Tagesmütter und Tagesväter. Cornelsen Schulverlage. Berlin 2013.

Hirler, Sabine: **Kinder brauchen Musik, Spiel und Tanz.** Bewegt-musikalische Spiele, Lieder und Spielgeschichten für große und kleine Kinder ... Ökotopia Verlag. Münster 2009.

Dörr, Iris: **Praxis Kindertagespflege: Elternarbeit.** Cornelsen Schulverlage. Berlin 2013.

Kerl-Wienicke, Astrid; Schumacher, Anne: **55 Fragen & Antworten: Kindertagespflege.** Cornelsen Schulverlage. Berlin 2013.

Kilian, Pamela: **Praxis Kindertagespflege: Beobachten und Dokumentieren.** Cornelsen Schulverlage. Berlin 2014.

Leu, Hans Rudolf et. al.: **Bildungs- und Lerngeschichten in der Kindertagespflege.** Verlag das netz. Kiliansroda 2010.

Lieder, Reime, Fingerspiele. Ravensburger Buchverlag. Ravensburg 2013.

Oberheiden, Marion: **Praxis Kindertagespflege: Eingewöhnung.** Cornelsen Schulverlage. Berlin 2014.

Rogge, Jan-Uwe: **Ohne Chaos geht es nicht.** 13 Überlebenstipps für Familien. Rowohlt Verlag. Reinbek 2001.

Schroers, Astrid; König, Birgit: **Praxis Kindertagespflege: Kreatives Gestalten.** Cornelsen Schulverlage. Berlin 2014.

Seiwert, Lothar: **30 Minuten Zeitmanagement.** GABAL Verlag. Offenbach 2012.

Schulz, Gudrun: **Reime und Gedichte für Kita-Kinder.** Cornelsen Schulverlage. Berlin 2014.

Wagner, Yvonne: **Portfolios in der Krippe.** Entwicklungen dokumentieren mit Kindern unter drei Jahren. Bildungsverlag Eins. Köln 2010.

Wagner, Yvonne: **Bildungs- und Lerngeschichten schreiben leicht gemacht.** Schritt für Schritt-Anleitungen, Beispielvorlagen, Formulierungshilfen und Kreativübungen. Verlag an der Ruhr. Mülheim an der Ruhr 2013.

Links

Bundesministerium für Familien, Senioren, Frauen und Jugend: **Frühe Chancen.** www.fruehe-chancen.de

Bundesministerium für Familien, Senioren, Frauen und Jugend: **Handbuch Kindertagespflege.** www.handbuch-kindertagespflege.de

Deutsche Zöliakie Gesellschaft, Stuttgart: **www.dzg-online.de**

Sozialgesetzbuch VIII in der Fassung der Bekanntmachung vom 11. September 2012. http://www.sozialgesetzbuch-sgb.de/sgbviii/1.html

Zzzebra. Das Web-Magazin für Kinder: **http://www.labbe.de/zzzebra/**

Bildnachweise

Bildagentur fotolia.com: S. 3 oben: © grafikplusfoto; S. 3 unten: © drubig-photo; S. 4: © Brebca; S. 5: © luminastock; S. 6: © matka_Variatka; S. 7: © dmitrimaruta; S. 8: © Tyler Olson; S. 9: © Nomad_Soul; S. 10: © Gina Sanders; S. 12: © Petro Feketa; S. 14: © Petro Feketa; S. 15: © thingamajiggs; S. 17: © famveldman; S. 18: © drubig-photo; S. 19: © Mitarart; S. 20: © drubig-photo; S. 21: © Alena Ozerova; S. 22: © Pavel Losevsky; S. 23: © contrastwerkstatt; S. 26: © sborisov; S. 28 oben: © Henry Bonn; S. 28 unten: © grafikplusfoto; S. 29: © bartlomiej72; S. 30: © Tom; S. 31 oben: © phlicka; S. 31 unten: © MK-Photo; S. 32: © furmananna; S. 33: © davis; S. 36: © Max Topchii; S. 39: © Dan Race; S. 40: © stoneman; S. 41: © megastoker; S. 42 oben: © Petro Feketa; S. 42 unten: © oksix; S. 43: © Robert Kneschke; S. 44: © Kzenon; S. 45: © Alliance; S. 46 oben: © Woodapple; S. 46 unten: © Light Impression; S. 47 oben: © mathom; S. 48: © detailblick.; S. 50: © jackfrog; S. 51: © jerome berquez; S. 52: © WavebreakMediaMicro; S. 54: © Goran Bogicevic; S. 55: © Pavla Zakova
Astrid Schroers: S. 13, S. 25, S. 35, S. 38, S. 47 unten

Einfach praktisch

Unsere Reihe *Praxis Kindertagespflege*

Die Reihe *Praxis Kindertagespflege* bietet Hilfen für die Tätigkeit als Tagesmutter oder Tagesvater, die unmittelbar im Arbeitsalltag genutzt werden können. Neben kurzen Darstellungen zu den theoretischen Hintergründen und Tipps zur Umsetzung in der Praxis finden Sie Beispiele, Vorschläge, Planungs- und Arbeitsmaterial.

Pamela Kilian
Beobachten und Dokumentieren
ISBN 978-3-589-24818-6

Marion Oberheiden
Eingewöhnung
ISBN 978-3-589-24817-9

Ilka Köhler
Raumgestaltung
ISBN 978-3-589-24820-9

Iris Dörr
Elternarbeit
ISBN 978-3-589-24816-2

Aktuelle Preise und weitere Informationen finden Sie im aktuellen *Kita-Katalog* sowie im Internet unter *www.cornelsen.de/fruehe-kindheit*

www.cornelsen.de/fruehe-kindheit

Cornelsen